À la découverte
d'une discipline positive
à la maison et en classe

Que devient
mon enfant ?

Reuben Hilde

Publications « *Car le temps est court !* »
Gestion CLETEC inc.

Que devient mon enfant ?

Auteur : Reuben HILDE
Traduction et adaptation : François Ratelle
Conception graphique : Simonne Ratelle

Original anglais paru sous le titre *The Rod vs the M&M's*

*P*ublications « *Car le temps est court !* »
    Gestion CLETEC inc.
    CP 2401
    St-Mathieu du Parc
    QC Canada G0X 1N0

ISBN 2-921589-13-3
Dépôts légaux - 3ᵉ trimestre 1998
        Bibliothèque nationale du Québec
        Bibliothèque nationale du Canada

L'AUTEUR

Né dans une communauté fermière du Minnesota, Reuben Hilde possède une expérience à la fois vaste et diversifiée. Que ce soit comme fermier, joueur de base-ball, infirmier dans l'armée, enseignant ou écrivain, l'auteur a acquis la conviction qu'il devait utiliser au maximum la force et les talents qui lui ont été donnés pour accomplir ce qui a besoin d'être fait.

Reuben Hilde est docteur en histoire et en éducation, diplômé de l'Université Southern California. Au cours de sa carrière, il a occupé différentes fonctions dans le domaine de l'éducation y compris celle de conseiller auprès des instances gouvernementales. Sa femme, Charlotte, est diplômée en sciences infirmières ; tous deux sont maintenant retraités et vivent en Californie. Ils ont deux enfants et plusieurs petits-enfants.

Parmi ses passe-temps préférés, l'auteur appréciait particulièrement le jardinage et prenait aussi plaisir à élever ces puissants chiens d'Alaska qu'on appelle des Malamuth. Mais sa préoccupation constante a toujours été de promouvoir « quelque chose de meilleur » pour l'éducation des jeunes.

Le Dr Hilde est également l'auteur de plusieurs ouvrages et articles de revues sur l'éducation moderne.

DÉDICACE

Ce livre est dédié aux parents et aux professeurs qui ont encore le courage de discipliner et qui cherchent à transmettre à leurs enfants la véritable signification du mot *amour* au travers de la discipline.

PRÉFACE

La discipline n'est pas un sujet très populaire de nos jours et elle n'est pas non plus considérée comme une tâche très enviable.

Pourtant, lorsqu'elle est perçue comme une occasion de venir en aide à une jeune personne afin de lui permettre d'atteindre un certain degré de maturité, une symétrie de caractère dont on n'aurait pu imaginer qu'elle existait, la science de la discipline prend alors une toute nouvelle dimension.

Ce livre est basé sur des principes éducatifs précis. Le lecteur prendra plaisir à les voir se développer sous ses yeux tout au long de sa lecture. Plusieurs spécialistes cherchent en vain des solutions aux différents problèmes touchant notre jeunesse. Or, nous avons à notre portée une sagesse infinie d'où nous pouvons tirer les grandes réponses dont nous avons tellement besoin. Elles forment ensemble une plate-forme de vérité, sûre et solide. C'est sur cette plate-forme que nous vous invitons maintenant à monter afin d'apprendre avec nous les principes de base de la discipline.

Que devient mon enfant ? vous est présenté en toute simplicité, sans approbation particulière ; il constitue cependant le résultat d'une profonde réflexion et de l'expérience pratique d'une personne qui connaît bien la préoccupation des parents et des enseignants sérieux. Il représente et demande également un effort persévérant en vue de découvrir les riches trésors qui peuvent nous aider dans l'accomplissement d'une des tâches plus importantes jamais confiées à l'humanité : l'éducation et le développement du caractère de ses enfants.

1

JE SUIS VOLONTAIRE !

Des millions de G.I. en service durant la seconde guerre mondiale, la plupart faisaient partie de l'armée américaine alors que d'autres appartenaient à l'Armée des États-Unis. Ce n'était pas un simple jeu de mots, à ce moment-là du moins ; car il existait une nette distinction entre le G.I. conscrit, c'est-à-dire forcé de servir sous les drapeaux et le soldat qui s'était enrôlé volontairement. Les militaires enrôlés faisaient partie de l'armée dite régulière – de l'Armée des États-Unis. Mais la grande majorité était constituée de conscrits, c'est-à-dire de civils appelés à venir au secours de leur pays. Tous les volontaires et tous les conscrits devaient passer par les mêmes étapes nécessaires de discipline et de formation en vue d'en faire des soldats aguerris et efficaces, de telle sorte qu'il devenait bientôt difficile et presque impossible de faire la distinction entre les volontaires et les conscrits.

Cet exemple de G.I. enrôlés et conscrits illustre bien différentes facettes de la formation par laquelle passent les enfants dans leur apprentissage de l'obéissance. Il illustre surtout deux méthodes opposées que les parents utilisent pour inculquer l'obéissance. La première s'appuie sur l'obligation de se conformer aux ordres. Nombreux sont les parents et enseignants qui scrutent les revues spécialisées à la recherche d'arguments pour justifier leur emploi de cette méthode d'éducation ; ainsi :

- « Avec une telle armée de jeunes ouvriers bien entraînés et bien équipés, avec quelle rapidité nous pourrions venir à l'aide des populations affamées et démunies ! »

- « L'une des premières leçons que doit apprendre un enfant, c'est celle de l'obéissance. Il est possible de lui enseigner à obéir avant qu'il ait atteint l'âge de raison. »

Quel genre de formation ces deux phrases préconisent-elles à votre avis ? Que semblent-elles suggérer ? Lisez-les de nouveau. Ne semblent-elles pas toutes deux favoriser un contrôle ou un encadrement autoritaire ?

Nous savons tous que la formation militaire est par définition autoritaire. Ceux qui ont entendu parler des deux grandes guerres mondiales savent qu'aucune recrue ne pouvait demander deux fois « Pourquoi ? » ou « Comment ça ? » Lorsque les G.I. recevaient l'ordre de patrouiller un secteur, tous devaient, sans exception, ramasser les mégots et les contenants de bière. Personne ne pouvait s'objecter en disant : « Mais je ne bois pas et je ne fume pas, moi ! Pourquoi faudrait-il que je participe à cette corvée ? » Les G.I. apprenaient rapidement à ne pas poser de questions. « Si vous avez des problèmes, adressez-vous à l'aumônier. » Peu de soldats osaient cependant le faire de peur de devenir la risée des autres.

Lorsque la première citation fait référence à une armée de jeunes, il faut y voir une figure de style qui comporte certaines limites. Il semble au premier abord que l'illustration veut souligner les efforts continus exigés pour enrayer la misère humaine et la contribution unique qu'une jeunesse bien préparée pourrait y apporter. On peut y voir aussi une motivation personnelle, un entrain qui pourrait pousser une jeunesse habilement formée à exécuter une tâche inouïe. Elle suppose également une action concertée, une oeuvre commune. À ce niveau, l'armée fait peu appel à la responsabilité morale de l'individu sauf peut-être à son devoir civique ou patriotique.

Que nous dit maintenant le second argument ? « Il est possible de lui enseigner à obéir avant qu'il ait atteint l'âge de raison. » Cela semble aussi donner du poids à l'illustration

« militaire », n'est-ce pas ? Mais ne sautons pas trop vite aux conclusions. Car les arguments ci-dessus ne justifient pas les conclusions que certains d'entre nous en ont tirées ou aimeraient en tirer.

Examinons de plus près la seconde déclaration : « Il est possible de lui enseigner à obéir avant qu'il ait atteint l'âge de raison. » Nous avons volontairement omis la suite qui est celle-ci : « Nous devrions établir cette habitude par un effort gentil, persistant. » Voilà ! Le principe est maintenant posé de façon plus équilibrée. Il fallait se méfier de partir trop vite « en campagne ».

Observons maintenant à quel point ce conseil est précieux. Le petit enfant qui est encore trop jeune pour raisonner doit être amené par des efforts gentils et persistants à former l'habitude de l'obéissance. Nous voilà rendus bien loin de la *manu militari*. L'armée, pour sa part, prend trop souvent des hommes qui sont assez âgés pour raisonner et leur demande de ne pas raisonner mais de suivre les ordres et de les exécuter sans poser de questions. D'autres se chargent de penser à leur place. Hum... !

En matière d'éducation, on identifie généralement deux groupes d'enfants. Le premier est constitué de ceux qui n'ont pas encore atteint l'âge de raison, le groupe « pré-raison ». L'enfant qui en fait partie doit être abordé avec gentillesse et son comportement dirigé par des efforts répétés, persévérants.

L'enfant appartenant au second groupe est de son côté « capable de comprendre ». Comment peut-on alors lui inculquer la discipline ? En enrôlant sa raison en faveur de l'obéissance et ce, dès qu'il devient capable de comprendre. C'est la seconde méthode. *Toutes nos actions auront alors pour objectif de lui montrer que l'obéissance est juste et raisonnable.*

En réfléchissant à ce conseil, il se peut que nous réalisions que nos procédures disciplinaires ont parfois été fautives, que nous avons peut-être même enrôlé nos enfants de force et en avons fait des conscrits, comme dans l'armée. « Après tout, ne représentons-nous pas l'autorité et les enfants ne doivent-ils pas nous obéir ? » Combien de fois avons-nous été tentés de le penser sinon de le dire ? Bien des fois sûrement !

Notre tâche consiste à enrôler leur raison. L'enfant doit s'apercevoir à quel point l'obéissance qu'on attend de sa part est logique, juste et raisonnable. Cela nous donne aussi une certaine responsabilité en tant que parent ou professeur. Il nous faut bien peser nos exigences et nos règles, et nous demander si elles sont vraiment raisonnables et pertinentes. Si ce n'est pas le cas, elles devraient être modifiées ou enlevées.

Une mise en garde nous est donc servie : toutes nos façons d'agir envers l'enfant doivent être « justes et raisonnables ». Nous ne pouvons plus nous permettre de lancer un ordre accompagné du célèbre « parce que je l'ai dit », même si cela n'arrive qu'occasionnellement. Lorsque l'enfant aura constaté à quelques reprises combien nos exigences sont raisonnables, il comprendra la logique des règlements et n'aura plus à demander : « Mais pourquoi ? » Face à des exigences aussi justes et raisonnables, il sera plutôt porté à dire : « Je suis volontaire ! »

 **QUESTIONS :**

- Combien de groupes d'enfants pouvons-nous distinguer et selon quel critère le faisons-nous ?
- Comment peut-on inculquer l'obéissance à chaque groupe ?

2
L'OBJECTIF SUPRÊME

La raison principale pour laquelle nous avons tant de difficulté avec la discipline de nos jours, c'est que nous manquons généralement de précision dans la définition de nos objectifs et du sens à donner à notre vie. Si nous ne savons pas nous-mêmes où nous allons jour après jour, si nous ne connaissons pas l'objectif de base et le but ultime de nos vies, il devient évidemment difficile d'orienter nos enfants et nos jeunes dans la bonne direction. Bien plus, si nous ne sommes pas certains de l'endroit où nous mène notre route, il serait peut-être plus sage de ne pas nous y engager. Les parents sérieux ne peuvent se permettre une incertitude semblable à celle que ressentent ceux qui vivent au jour le jour et qui n'ont jamais pris le temps de définir leurs priorités et leurs objectifs de vie.

Il existe ainsi deux méthodes de discipline que l'on rencontre régulièrement dans ces familles et qui posent de sérieux problèmes aux parents et aux enseignants. La première est celle qui consiste à discipliner sous l'effet de la *panique*. À titre d'exemple, citons les situations causées par la crainte de mal paraître et le risque d'un échec scolaire.

La crainte de mal paraître. « Que vont penser les voisins s'ils voient que je suis incapable de contrôler mon enfant ? Si notre enfant est désobéissant, cela nous donnera assurément mauvaise réputation. » Du coup, l'enfant se voit assailli par une salve de recommandations lui rappelant qu'un visiteur s'est annoncé : « Il faudra que tu te comportes bien. Tu le salueras poliment et tu iras ensuite dans ta chambre faire tes devoirs. » L'enfant comprend l'état d'urgence et s'il entretient quelque ressentiment conscient ou

inconscient envers ses parents, il pourra utiliser ces circonstances à son avantage.

Le risque d'un échec scolaire représente une autre situation de stress intense. Le parent a bien essayé différentes tactiques comme récompenser l'enfant pour ses bonnes notes ou encore lui défendre d'aller jouer dehors tant que ses résultats ne se seront pas améliorés. Et quand aucun de ces moyens ne produit les résultats escomptés, les parents s'en prennent au professeur et à son mode d'évaluation.

La plupart de ces situations de crise ou de *panique* font état de problèmes concrets auxquels nous, parents, sommes tous confrontés un jour ou l'autre. Le tabac, l'alcool et les drogues sont des problèmes très réels. Les jeunes sont attirés par l'inconnu et le fascinant et ils veulent tout essayer, ce qui pousse les parents à se demander : « Comment dois-je réagir ? Si je fais l'autruche, le problème ne disparaîtra pas tout seul. Si, au contraire, j'y vais trop fort et que j'impose mon point de vue, on me dit que cela pourrait l'inciter davantage à tenter certaines expériences ! » Des craintes de toutes sortes jaillissent tout à coup, des problèmes dont ils ne soupçonnaient pas l'existence. Comment y faire face ? Nous avons la plupart du temps tendance à considérer ces situations comme exceptionnelles, ne jugeant pas nécessaire de nous y préparer avant qu'elles ne surgissent. Mais est-ce bien prudent ?

La première méthode consistait à discipliner sous l'effet de la panique. La seconde ne constitue pas réellement une méthode mais nous la classerons tout de même comme telle, pour les besoins de la cause, en lui donnant le nom de *confusion*. Selon cette méthode, nous devons d'abord attaquer le problème directement puis reculer lorsque nous voyons que cela ne fonctionne pas, pour ensuite essayer autre chose. (Cette méthode est décrite dans les cercles scientifiques sous le nom de méthode par tâtonnements.) Mais cette valse-hésitation nous fait paraître bien gauches et vacillants. Les enfants sont plus perspicaces qu'on ne le pense et ils s'en aperçoivent rapidement ; ils commencent alors à jouer avec une expression qui nous rend encore plus hésitants : « Ce n'est pas juste. » Notre incertitude nous pousse à essayer une méthode après l'autre. « Peut-être ai-je été trop sévère la dernière fois, j'irai plus doucement cette fois. » Les conseils fusent de toutes parts. Certains suggèrent la fessée. D'autres disent au contraire : « Ne frappe surtout pas. » Que faire ?

Les diverses philosophies éducatives ne font rien non plus pour nous arracher à notre *confusion*. Ainsi un groupe favorisera l'établissement d'une « école ouverte ». Certains seraient même enclins à imiter l'école britannique SUMMERHILL, une école où l'enfant est libre de faire ses propres choix. « Car ne connaît-il pas ses besoins d'apprentissage mieux que quiconque ? Ne faisons surtout pas obstacle à son développement ! »

D'autres courants de pensée favorisent le style militaire où l'étudiant apprend à réagir au doigt et à l'oeil. Il existe entre ces deux extrêmes allant de l'école libre à l'école de réforme tout un éventail de modèles. Mais rien vraiment pour nous sortir de notre *confusion* ! Nous en restons toujours aux essais.

Revenons en arrière afin d'y voir plus clair et posons-nous la question : « Quelle est l'idée de base de la discipline ? »

L'objectif de la discipline est d'apprendre à l'enfant à se gouverner lui-même. Il faut, pour y arriver, lui enseigner la confiance en soi et la maîtrise de soi.

La véritable discipline implique un apprentissage qui permet à l'enfant de prendre en charge sa propre vie et de voler de ses propres ailes. Il apprend à se gouverner lui-même. Lorsque les parents sont absents et que les professeurs ne sont pas là pour lui transmettre leurs instructions, l'enfant ou l'adolescent restera maître de la situation parce qu'on lui aura enseigné les principes qui lui permettent de savoir se gouverner. Sa raison (nous l'avons vu précédemment) se trouve enrôlée en faveur de certains principes fondamentaux ; s'il lui arrive d'être confronté à des choix controversés et contraires à ces principes, les décisions qu'il prendra seront alors véritablement et pleinement les siennes. Il aura appris à refuser volontairement tout écart de principe. Les valeurs avec lesquelles il aura été en contact seront devenues les siennes. Elles ne lui auront pas été imposées.

Nous pouvons tirer deux corollaires de l'objectif principal de se gouverner soi-même : ce sont la confiance en soi et la maîtrise de soi. La vie de l'enfant se trouve ainsi dirigée par des principes qui lui servent de balises et qui lui indiquent la voie à suivre. La confiance en soi et la maîtrise de soi forment en quelque sorte le feu vert et le feu rouge de sa vie. Il sait quand avancer et quand s'arrêter, quand il est temps d'aller tout droit et quand il doit tourner. Lorsqu'un jeune atteint ce niveau de comportement, cela signifie que la discipline a accompli sa tâche.

La confiance est également synonyme d'assurance et de foi. Ces trois qualités représentent des éléments positifs qui forgent la motivation. L'individu qui tremble devant chaque défi ou chaque problème démontre un manque de discipline. L'étudiant qui n'étudie jamais à moins d'être poussé par ses parents ou par les exigences académiques n'est pas bien discipliné. Les spécialistes parlent de « motivation extrinsèque ». C'est une motivation qui vient de l'extérieur et non de l'individu lui-même. Ce n'est que lorsque l'étudiant expérimentera une « motivation intrinsèque » (venant de l'intérieur) qu'il ira de l'avant en élève discipliné.

Il ne faut cependant pas confondre la confiance en soi avec l'orgueil ou l'arrogance. À titre d'exemple, l'individu qui a bien compris et accepté les principes éternels et qui possède l'assurance que les promesses divines sont réelles sait qu'il peut avancer avec confiance. Il a mis sa volonté du côté du bien et il sait qu'un tel engagement demande action.

La maîtrise de soi peut impliquer une action positive, mais elle suggère surtout une capacité de se retenir, de plier, de se soumettre, de changer de direction. La maîtrise de soi ou le contrôle de soi, pour employer une expression plus moderne, vise à contrer les mauvaises influences. Elle modère également les bonnes activités comme l'appétit, les divertissements, l'étude et même le repos.

L'affirmation qui suit pourra sembler superflue mais elle est nécessaire. Si un enfant ou un jeune est toujours contrôlé, dirigé ou commandé par un autre, il n'aura jamais l'occasion de se gouverner lui-même. Or, nous devons lui enseigner... la maîtrise de soi. Il nous faut, pour y arriver, prendre le risque que l'enfant n'agisse pas toujours avec sagesse. Nous ne devons pas continuellement craindre de placer la décision entre ses mains.

Savoir se gouverner, tel est l'objectif. La confiance en soi et la maîtrise de soi sont les deux facteurs d'équilibre qui révèlent la capacité d'un individu de se gouverner lui-même. Imaginons un moment un funambule marchant sur un fil de fer à plusieurs mètres du sol. La barre qu'il tient dans ses mains lui permet de maintenir son équilibre. Il la penche tantôt d'un côté, tantôt de l'autre, et il peut ainsi avancer sans tomber. S'il relâche son étreinte, il tombera. Voilà le rôle que jouent la confiance en soi et la maîtrise de soi : elles nous permettent de garder un équilibre parfait en toutes circonstances. Le fil de fer et la barre de fer symbolisent la fermeté que procure le désir de réaliser l'objectif tandis que l'équilibre est assuré d'un côté par la confiance en soi et de l'autre par la maîtrise de soi.

Il n'y a pas de place ici pour la confusion ni pour les vagues de panique que pourraient provoquer les situations d'urgence. Car l'objectif est clairement énoncé : savoir se gouverner soi-même. À mesure qu'il acquiert la confiance en soi et la maîtrise de soi, l'adolescent prend conscience des limites qu'il lui faut respecter.

 **QUESTIONS :**

- Quelles sont les deux méthodes de discipline à éviter et qui sont improductives mais que tous pratiquent un jour ou l'autre ?
- Quel est l'objectif principal de la discipline ? Comment nous permet-il d'identifier la bonne méthode ?
- Quels sont les deux principes essentiels qui en découlent naturellement (les corollaires) ?

UNE TERRIBLE
ERREUR

« C'est un homme fini, brisé. » Quelle terrible évaluation de la condition d'un être humain ! Comment un homme peut-il tomber si bas ? Qu'est-ce qui a pu le placer dans une situation aussi tragique ?

Il arrive qu'un homme tombe d'un troisième étage et se brise une vertèbre, devenant infirme pour la vie. Il peut alors souffrir atrocement et perdre des semaines peut-être des mois de travail. De même, lorsque le coeur d'un individu flanche, son mode de vie peut se retrouver sérieusement affecté. Il aura vraisemblablement à suivre un régime plus strict et un programme rigoureux d'exercices, tout en réservant un certain nombre d'heures au sommeil et au repos. Il pourrait aussi arriver qu'on lui prescrive des médicaments. Un autre individu pourra, de son côté, souffrir de désordres neurologiques. Il aura recours à un médecin habile et expérimenté qui commencera par étudier attentivement les réactions physiques et psychiques de son patient et le traitera selon ses besoins particuliers.

Que pensez-vous, seriez-vous prêts à classer les gens qui sont aux prises avec de tels problèmes comme finis ? Nous n'en savons pas assez sur eux pour nous prononcer. Il est possible que certains d'entre eux soient psychologiquement atteints tandis que d'autres feront preuve d'un courage indomptable devant l'adversité. Certaines des plus grandes réalisations n'ont-elles pas été œuvre d'hommes et de femmes aux prises avec de grandes souffrances et accablés de sévères handicaps physiques ?

Mais quels sont les critères qui nous pourraient nous permettre de définir ce qu'est une personne finie ou brisée ? Pour répondre à cette question, il nous faut d'abord comprendre ce qu'est un être humain. C'est d'abord et avant tout un être qui doit être renouvelé à l'image de son Créateur. La restauration en l'homme (et la femme) de l'image de Dieu, de son empreinte créatrice, comprend premièrement *l'individualité, le pouvoir de penser et d'agir.* Celui en qui cette image est restaurée n'est plus *le simple reflet de la pensée des autres.*

Il n'est donc pas nécessaire de chercher bien longtemps la réponse à notre question « Qu'est-ce qu'une personne brisée ? » C'est un individu dont le pouvoir de décider, le pouvoir de choisir, est détruit ou tout près de l'être. Pouvez-vous imaginer un parent ou un professeur qui, dans un effort d'inculquer la discipline, se trouve au contraire en train de détruire ce pouvoir, cette capacité de choisir que possède l'enfant ? Il est difficile de se l'imaginer et pourtant, nous qui avons reçu la responsabilité de discipliner, sommes peut-être en danger de commettre cette terrible erreur.

Soulignons ici trois principes importants :

a) L'effort effectué pour briser la volonté d'un enfant constitue une terrible erreur.

b) La volonté se définit comme le pouvoir de gouverner qui se trouve présent dans la nature de l'homme, le pouvoir de décider, de choisir.

c) La volonté devrait être guidée et façonnée, non pas ignorée ou écrasée. Il faut sauvegarder la force de la volonté car elle sera nécessaire dans le match de la vie.

Observons avec soin ce qui découle logiquement de ces principes :

1) La volonté de l'enfant *ne doit pas être brisée.* Le faire serait une terrible erreur.

2) *La volonté constitue le pouvoir de gouverner* dans la nature de l'homme. C'est *le pouvoir de décision ou de choix.* À ce titre, elle dirige toutes les autres facultés.

3) *L'objectif de la discipline* est d'enseigner à l'enfant à *se gouverner lui-même.*

À partir des corollaires qui précèdent, nous pouvons maintenant déduire trois conclusions pratiques pour notre étude :

1) Certaines méthodes disciplinaires détruisent chez l'individu le pouvoir de prendre des décisions.

2) Lorsque nous détruisons le « pouvoir de se gouverner » qui se trouve dans l'individu (en d'autres mots sa volonté), nous nous attaquons au coeur même de la discipline qui consiste à apprendre à l'enfant à se gouverner lui-même.

3) Lorsque nous détruisons la volonté chez un enfant, nous détruisons en lui ce qui ressemble le plus à Dieu : son individualité, son pouvoir de penser et d'agir.

Il existe d'autres conséquences malheureuses dues à une mauvaise discipline. Celui qui brise la volonté d'un enfant le réduit à l'état d'automate ou presque. De toutes les inventions modernes, il y en a peu d'aussi repoussantes que celle du robot [c'est ici l'opinion de l'éducateur], lui qui a tant de charme aux yeux des enfants. Pourquoi cette aversion ? Parce qu'elle évoque le souvenir de cette branche de la psychologie qu'on appelle le *behaviorisme.* De toutes les sciences modernes, peu d'entre elles ont laissé une marque aussi triste dans l'histoire du vingtième siècle que le behaviorisme. En cherchant à prévoir les réactions de l'être humain, cette prétendue science veut réussir à programmer ou à endoctriner des gens de volonté faible ou brisée, pour éventuellement les intégrer à une société hautement organisée et dominée par de pseudo-maîtres à penser.

Et qui sont ces briseurs de volonté, ces gourous, sinon des imposteurs qui ne cherchent qu'à s'emparer de l'esprit non averti ? Ceci me rappelle les débuts de cette grande tragédie des siècles lorsqu'un ennemi sans scrupules s'est permis d'envahir l'esprit de l'homme. Dans son amour infini, le Créateur s'était bien gardé de vouloir prendre le contrôle de l'esprit humain. Un tel acte aurait été contraire à son dessein d'amour. Seule une réponse aimante de la part de ses créatures pouvait être acceptable à ses yeux. Il ne pouvait accepter une soumission ou une obéissance forcée. Car l'amour véritable ne peut exister que si l'individu met à profit son intelligence et qu'il exerce sa volonté et son choix de placer ses affections sur un autre être.

Briser la volonté devient donc, sous cet angle, une erreur aux proportions impossibles à évaluer :

1. Elle prive l'individu de sa capacité d'agir et de vivre selon le dessein prévu par l'Auteur de toutes choses.

2. Elle occupe un territoire où Dieu lui-même n'oserait ni ne voudrait s'aventurer sans y être invité, c'est-à-dire l'esprit de l'une de ses créatures.

3. Elle détruit la relation d'amour que Dieu a créée lorsqu'Il a donné à l'homme la capacité de choisir et de répondre à son amour.

4. Celui qui détruit la volonté joue le même rôle que cet ennemi qui, à l'origine, priva l'homme de sa liberté et envahit le royaume sacré de son esprit pour lui arracher son droit de penser par lui-même et pour lui-même, c'est-à-dire son individualité.

Lorsque ma petite-fille s'approcha un jour de moi et me déclara avec une simplicité tout enfantine : « Savais-tu, grand-papa, que je t'aime ? », je savais surtout que rien ne la forçait à prononcer de tels mots et que l'expression de son amour était franche, belle et spontanée. Penser m'introduire dans cet esprit si délicat, si réceptif aux beautés environnantes et si ouvert à l'évidence de l'amour divin, même pour la forcer à obéir ou pour justifier mon désir de faire d'elle « une vraie chrétienne », serait ni plus ni moins qu'accomplir une oeuvre de destruction. Quelle terrible erreur ! D'autre part, si nous montrons à nos enfants et à nos adolescents les exigences justes et raisonnables de Dieu, leur raison d'être et leur utilité, nous les enrôlons du côté du bien.

Il se peut que leur volonté ne désire pas de prime abord choisir le bon côté. Dans ces moments, nous souhaiterions parfois pouvoir entrer dans leur cerveau et briser cette volonté entêtée, mais ce serait mal agir. Nous ne devons pas retirer à l'enfant sa capacité de se gouverner. Il vaut mieux être patient. La patience ne signifie pas que l'adulte cesse totalement de lui prodiguer des conseils ou des instructions. L'influence de l'adulte restera cependant positive et de nature à lui montrer la route à suivre.

Plutôt que de favoriser les confrontations, de nous lancer dans des discussions à n'en plus finir ou de faire appel à une tierce personne, il vaudrait beaucoup mieux que nous nous montrions un peu moins exigeants. *Parce que soumettre sa volonté peut sembler beaucoup plus difficile pour certains élèves, le professeur devrait chercher à rendre l'obéissance à ses exigences la plus facile possible.*

Il n'est pas nécessaire de lutter constamment avec les jeunes dans des épreuves de force. Il est de loin préférable de leur donner le temps de progresser. J'ai lu un jour cette parole de sagesse et je l'ai toujours retenue, elle est pour moi comme une perle précieuse : *« Sauvegardez la force de la volonté ; car elle sera nécessaire dans le match de la vie. »*

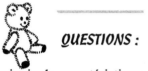 **QUESTIONS :**

- Quelle est la principale caractéristique de l'être humain ?
- Comment peut-on identifier une personne brisée ?
- Comment appelle-t-on la faculté qui dirige toutes les autres ?
- Quel est le nom de cette branche de la psychologie qui cherche à programmer les êtres humains ?

LE FIL
DE LA REQUÊTE
VS LA CHAÎNE
DU COMMANDEMENT

Il existe dans la vie certaines instructions qu'une personne reçoit et doit s'empresser de suivre de façon immédiate et précise. Ceci s'applique particulièrement aux missions des forces armées et aux techniques de pointe comme l'aérospatiale ou la navigation sous-marine. Il peut s'agir dans certains cas d'une question de vie ou de mort.

Dans l'armée, les nouvelles recrues sont souvent amusées par le style que démontrent la plupart des sergents d'exercices pour imposer la cadence. Vous n'entendrez jamais, par exemple, un sergent donner la cadence en comptant « un, deux, trois, quatre ». Il la criera plutôt avec force, de la manière suivante : « Hop, top, hep, fur, hop, top, hep, fur ! » On s'est souvent moqué des sergents d'exercices (dans leur dos bien sûr) et de leur manque apparent d'intelligence. Cependant, chaque fois qu'un peloton ou une compagnie passe par les exercices de marche, les chiffres habituels « un, deux, trois, quatre » ne suffisent plus. Ils ne sont pas assez mordants, pas assez secs pour assurer la précision et la beauté des manoeuvres du champ de parade.

Il existe dans la vie civile des circonstances comparables où la précision et l'exactitude sont requises. L'atelier d'usinage où l'on fabrique des instruments de précision en est un ; l'opérateur de machine outil ne peut pas se permettre d'adopter une attitude nonchalante du genre « un peu plus ou un peu moins... ». Car il joue dans plusieurs cas avec des tolérances de près d'un dix millième de centimètre ou moins.   Un observateur non averti considérera peut-être la jauge ou l'outil en fabrication comme une belle réalisation ; pourtant, un dix millième de centimètre de moins et la pièce aurait été gâchée.

La secrétaire qui a vécu la transition de la machine à écrire manuelle à la machine électrique ou à l'ordinateur a dû apprendre malgré elle qu'il ne fallait pas laisser les doigts sur les touches comme elle le faisait auparavant.   Le moindre effleurement était capté instantanément et, à son grand désarroi, la dactylo voyait l'erreur se reproduire en succession jusqu'à ce qu'elle ait corrigé sa mauvaise habitude.   Je ne me souviens plus moi-même du nombre de points-virgules que j'ai dû taper sans le vouloir.   Nous devrions cependant noter que, dans la plupart des cas où la précision et l'exactitude sont nécessaires, il s'agit d'expériences ayant trait à des déplacements physiques nécessitant de la coordination ou de la synchronisation.   Elles ne comportent aucune implication morale, à moins que l'individu impliqué ne fasse preuve d'obstination ou de violence.

Si nous considérons maintenant que la précision et la vitesse d'exécution de certaines opérations nécessitent une cadence militaire et des ordres stricts n'allouant aucun écart, le soldat n'est pas, de son côté, confronté à une prise de décision. Il se peut qu'il n'obéisse aux ordres de son officier que pour éviter les difficultés et qu'il n'ait aucun désir réel de le faire. Il n'a pas de décision à prendre et, c'est ici l'important, cette expérience ne peut donc pas servir à la formation de son caractère. Dans un tel cas, la conclusion s'impose d'elle-même :

Il vaut mieux demander que commander. Celui à qui l'on s'adresse de cette manière a ainsi l'occasion de se montrer fidèle aux bons principes en prenant la bonne décision. Son obéissance résulte alors d'un choix et non d'une contrainte.

Le commandement, au contraire, implique une obligation et provoque une réponse forcée. Il n'invite pas l'individu à la réflexion. Son obéissance n'est plus une question de choix mais devient un moyen d'éviter les difficultés ou les punitions.

Les dix commandements sont un bon exemple de principes par lesquels une personne peut réaliser, par la grâce de Dieu, une vie des plus satisfaisante et des plus édifiante. Lorsqu'elle est motivée par l'amour, l'obéissance aux commandements apporte une liberté nouvelle, inconnue auparavant. C'est pourquoi Jésus montra le lien qui unit l'obéissance à l'amour en disant : « Si vous m'aimez, gardez mes commandements » (*Jean 14.15*), et déclara que cette nouvelle motivation rendrait la chose facile (*Matthieu 11.28-30*). Pensez-vous qu'un sergent d'exercices pourrait en dire autant ? Sûrement pas !

Il est toujours intéressant de voir manoeuvrer l'un de ces minuscules remorqueurs, suivi par un immense transatlantique qu'il guide lentement pour lui permettre d'entrer au port en toute sécurité. L'amour de Dieu pour l'humanité tel que manifesté au travers de ses commandements peut se comparer au filin métallique à plusieurs brins qu'utilisent les remorqueurs pour tirer ces géants de métal. L'amour exerce ainsi son attrait sur le coeur qu'il guide vers le port céleste. Ce dernier comprend la requête, ressent l'appel et se laisse tirer avec joie.

Si Dieu devait obtenir l'obéissance de l'homme sans lui donner l'occasion de choisir, le processus se trouverait totalement contraire à son caractère divin et au grand principe de l'amour inconditionnel qui forme la base de son gouvernement. L'obéissance de l'être humain, adulte ou enfant, doit résulter d'un choix personnel et libre, et non d'une contrainte. L'histoire biblique est remplie d'illustrations plus intéressantes les unes que les autres dans lesquelles Dieu montre que c'est le genre d'obéissance qu'Il désire. Autrement l'individu agit par obligation, par crainte ou dans l'espoir de mériter quelque chose. Mais la réponse que Dieu attend de nous est une réponse spontanée, motivée par un amour plus élevé, plus pur.

Le concept de « la chaîne du commandement » porte bien son nom. Car la chaîne et le commandement vont bien ensemble. L'idée implique non seulement un manque de liberté mais aussi l'évidence que la réflexion a été laissée à quelqu'un d'autre. Pour être valable, l'obéissance – l'obéissance que Dieu désire – doit résulter du choix de l'individu. Ce choix doit être le sien. *Il vaut mieux demander... Car celui à qui l'on s'adresse de cette manière a ainsi l'occasion de se montrer fidèle aux bons principes.*

Les grandes décisions de la vie sont plus dramatiques que les petites décisions que nous avons à prendre dans notre vie quotidienne. Mais c'est en recevant l'occasion de faire les choix qui s'imposent dans les petites décisions que nous deviendrons capables de faire les bons choix dans les questions et les circonstances importantes. Fidèle à sa parole, Dieu nous a montré l'exemple et nous permet de faire nos propres choix, même sur une question aussi cruciale que notre destinée éternelle.

> « J'ai mis devant toi la vie et la mort,
> La bénédiction et la malédiction.
> Choisis la vie,
> Afin que tu vives, toi et ta postérité. »
> (*Deutéronome 30.19*)

 ***QUESTIONS :***

- Quelles sont les trois motivations provoquées par l'action de commander ? Sont-elles valables ?
- Quel genre d'expérience peut contribuer à la formation du caractère ?
- Comment le fil de la requête peut-il surpasser en force la chaîne du commandement ?

LA MEILLEURE MÉTHODE

Plusieurs professeurs se sentent souvent mal à l'aise lorsque des visiteurs se présentent en classe. Car certains d'entre eux sont plutôt innovateurs et ils savent que l'atmosphère parfois détendue de la classe peut paraître un peu trop permissive aux yeux de certains parents et enseignants, voire « hors contrôle ».

Ils s'imaginent déjà entendre le visiteur : « Dans mon temps, il fallait s'asseoir et rester tranquilles. Nous n'avions pas tant de liberté. » La plupart du temps, ces professeurs ne croient pas non plus à l'idée d'une trop grande permissivité et ils ne tiennent pas à ce que leurs classes reçoivent ce genre d'étiquette. Mais ils désirent établir un climat d'apprentissage dans lequel les étudiants peuvent travailler en groupes ; il va de soi que cela provoque davantage de bruit en comparaison de ce qui était jadis permis lorsque les parents polissaient les mêmes bancs d'école.

Ces enseignants innovateurs prennent toutefois soin de poser certains contrôles et d'établir certaines lignes directrices afin de définir un comportement acceptable ou inacceptable. Malgré cela, leur approche plus relâchée en rend plusieurs inconfortables. Les parents qui prennent à coeur l'éducation de leurs enfants aimeraient mieux les voir suivre les sentiers battus et voudraient s'assurer que le professeur garde un bon contrôle, qu'il a « la haute main » sur sa classe.

Il existe une foule d'opinions différentes sur ce que constituent une bonne discipline et un contrôle adéquat. En tant que parents, nous sommes trop souvent dépeints comme autoritaires, non seulement par les gens de l'extérieur, mais aussi par les enfants et les jeunes gens de l'école ou du voisinage. Certains d'entre nous méritent probablement qu'on leur colle cette étiquette. D'autres cependant s'efforcent de réfuter l'accusation. Or, la vérité est que les pratiques diffèrent grandement d'une personne à l'autre.

La quantité de contrôle requis et le degré de calme et d'ordre qu'un parent ou un éducateur devrait exiger ne feront jamais l'unanimité, même chez les spécialistes. Mais le sens que doit prendre la discipline devrait être très clair pour tous. Lorsqu'un contrôle serré permet en même temps le développement de l'autonomie et de la maîtrise de soi, il peut être acceptable. Une telle méthode peut s'avérer la seule capable de rassurer certaines personnes. Retenez que nous avons tous un seuil maximal de tolérance au bruit tout comme un seuil de tolérance à un certain niveau d'agitation. Comme ils diffèrent d'une personne à l'autre, il subsistera toujours des points de vue divergents entre les parents et les enseignants.

La grande question à résoudre porte en fait sur le degré de « contrôle » requis. Nous résumerons ici les deux possibilités que nous suggérons, dont ce qui est défini comme étant « la meilleure méthode » :

Les parents ou les maîtres qui apprennent aux enfants à se gouverner eux-mêmes accomplissent une oeuvre des plus utiles et obtiennent les succès les plus durables. L'observateur superficiel peut douter de la valeur de ce travail et ne pas l'apprécier autant que la méthode qui consiste à maintenir la volonté de l'enfant sous une autorité absolue ; l'avenir montrera par les résultats obtenus quelle est la meilleure méthode d'éducation.

Deux méthodes nous sont ici présentées :

1) la soumission qui tient l'esprit et la volonté de l'enfant sous une autorité absolue ; et

2) la « meilleure méthode » qui n'impose pas à l'enfant une autorité absolue mais instaure le climat nécessaire pour lui permettre de prendre les bonnes décisions.

La première méthode ne représente pas nécessairement la position extrémiste du « briseur de volonté », mais elle s'en approche. L'esprit et la volonté sont alors soumis à l'autorité absolue du parent ou du maître. Cette méthode révèle une incapacité de laisser la décision entre les mains de l'enfant. Il serait risqué de lui laisser certaines décisions qu'il n'est pas tout à fait prêt à prendre, mais l'adoption d'une position contraire constitue une erreur plus grande encore. Elle prive l'enfant de l'opportunité de prendre les décisions pour lesquelles il est suffisamment mature. En conséquence, l'enfant perd la capacité de prendre des décisions intelligentes. C'est la raison pour laquelle il existe de nos jours tant d'adultes qui trouvent ardu de prendre des décisions. Ces personnes auront souvent tendance à rechercher des conjoints ou des associés dominateurs, capables de prendre les décisions à leur place. Ce n'est pas du tout ce que le Créateur avait envisagé au départ.

Donner à l'enfant l'occasion de décider tout en vous attardant sur les raisons qui motivent ou doivent motiver ses choix peut paraître inutile aux yeux de certains adultes. « Pure perte de temps ! disent-ils. Montrez-leur simplement les règlements puis passez aux choses sérieuses ! » Mais chaque fois que la volonté reçoit l'occasion de se développer, chaque fois que l'enfant a la possibilité de démontrer qu'il a confiance en lui et qu'il possède la maîtrise de soi nécessaire, ce n'est jamais un gaspillage de temps. L'observateur superficiel peut douter de la valeur de ce travail, mais l'avenir montrera par les résultats obtenus quelle est la meilleure méthode d'éducation.

Une prise de position comme celle qui suit peut sembler correcte pour beaucoup de gens et les jeunes accepteront parfois de s'y soumettre : « Tant que vous vivrez dans ma maison, vous devrez obéir aux règlements. Lorsque vous serez plus âgés, si vous voulez faire autrement, ce sera votre affaire. Pour l'instant, vous ferez ce que je vous dis. »

Il existe malheureusement deux raisons qui rendent cette déclaration à la fois injuste et imprudente. Premièrement, l'enfant n'a pas eu, dans la plupart des cas, le choix du foyer dans lequel il est né ou demeure. Non seulement l'enfant n'a-t-il pas eu la possibilité de choisir son foyer, mais il se voit de plus confronté à un ultimatum qui ne lui laisse aucune alternative. Il n'a pas le choix ! Dans une telle situation, le droit et la justice sont mis à la porte. L'enfant, s'il veut rester, doit se soumettre, contre son gré.

Un tel comportement démontre un manque de sagesse évident parce qu'il ignore le principe qui consiste à « enrôler la raison ». Il ignore la tâche qui consiste à apprendre à l'individu à se gouverner lui-même. Il lui impose un gouvernement statique et immuable dans lequel il n'a aucune véritable occasion de prendre des décisions et de se développer. Il prive l'enfant de la formation de caractère dont il a besoin.

Le résultat le plus dommageable d'une telle attitude, c'est qu'elle établit une atmosphère difficile et tendue tout en semant le ressentiment et la rébellion. Trop d'écoles et de foyers ne constituent en réalité que des prisons dont les jeunes cherchent désespérément à s'échapper. Ils n'aiment pas les conditions du contrat et ils ont hâte de pouvoir s'en libérer. Ce n'est certes pas la méthode du Sauveur ; Il nous a proposé un bien meilleur contrat, une meilleure alliance, basée sur la vraie liberté de l'Amour.

QUESTIONS :

- Quelles sont les deux méthodes d'éducation les plus courantes ?
- Quelle est la meilleure méthode et pourquoi ?
- Quel est le résultat le plus dommageable d'une attitude autoritaire ?
- Pourquoi certains adultes trouvent-ils ardu de prendre certaines décisions ?
- Ce chapitre pourrait-il s'appliquer à la vie de couple ? Comment ?

6

LES BRISEURS DE CONFIANCE

Il y a de cela une centaine d'années, certaines entreprises américaines et européennes étaient devenues si énormes et si puissantes que les gouvernements ne pouvaient plus les contrôler. Ces organisations gigantesques auxquelles on donna le nom de « trusts » prirent assez d'expansion pour devenir internationales, une expérience qui semble se répéter à l'heure actuelle avec la globalisation des marchés. Mais ces organisations, ces « trusts », se mirent à écraser toute forme de compétition et formèrent de grands monopoles ayant le pouvoir de fixer les prix de vente et les quotas de production, et de se diviser les zones de marché. Les pays commencèrent alors à réaliser leur impuissance face à ces grands monopoles et des doutes surgirent que ces énormes cartels alimentaient volontairement les feux de la guerre dans le but d'accroître leurs actifs par la vente d'armes et de produits de base.

Mais au tournant du siècle, l'homme de fer des États-Unis, le président THÉODORE ROOSEVELT décida de sortir son « gros bâton » et de se lancer dans une croisade féroce contre ces grands monopoles, consacrant dès lors la plus grande partie de ses énergies à des activités de démantèlement.

Dans le monde des affaires, comme dans celui de la politique, le démantèlement des *trusts* constitue une attaque en règle contre les grandes puissances industrielles dans le but de donner davantage de chances aux individus et aux petites entreprises. Nous traiterons dans ce chapitre d'une activité semblable, dirigée non contre des *trusts* ou des monopoles mais contre des individus par ce que nous appellerons des *briseurs de confiance.*

Nous savons tous que les textes de l'Écriture qui nous encouragent à mettre notre confiance en Dieu sont trop nombreux pour les citer. Il va de soi que nous devons nous confier en Lui mais la décision n'est pas aussi simple lorsqu'il s'agit de mettre notre confiance dans les autres. Nous savons qu'en matière de salut, nous ne pouvons pas mettre notre confiance en l'homme, car les hommes sont tous aussi impuissants que nous à gagner le salut par leurs mérites. « Ne vous confiez pas aux grands, aux fils de l'homme, qui ne peuvent sauver. Leur souffle s'en va, ils rentrent dans la terre, et en ce même jour, leurs desseins périssent. » (*Psaumes 146.3-4*).

Malheureusement, nous découvrons souvent trop tard que nous avons placé notre confiance dans des gens qui n'en étaient pas dignes, avec pour résultat que plusieurs d'entre nous sommes devenus cyniques et méfiants. Nous nous mettons alors à ériger des barrières, consciemment ou non, pour nous protéger contre ces abus de confiance et pour nous empêcher de bâtir une relation de confiance. C'est ainsi que nous en venons à nous méfier des politiciens, à nous demander s'il existe de bons médecins et à mettre en doute l'honnêteté du mécanicien ; et nous finissons par nous méfier des enfants du voisin !

Lorsqu'un tel manque de confiance s'installe dans notre esprit, la vie prend une tournure négative et le doute s'installe en maître. Si la méfiance gagne la famille, elle risque la catastrophe. C'est ici qu'il nous faut changer d'attitude et faire preuve d'une certaine confiance envers les autres. Nous ne devons pas devenir des « briseurs de confiance » [de *trust*] [1], que ce soit dans la famille ou à l'extérieur.

Lorsqu'il s'agit de la discipline des enfants, s'il y a un conseil que nous aimerions donner plus que tout autre, c'est de leur faire confiance. Ils désirent bénéficier de cette confiance et c'est leur droit.

Il est bon pour les enfants et les jeunes que nous leur fassions confiance. Il en est beaucoup qui, même chez les tout-

petits, ont un sentiment très vif de l'honneur ; tous désirent qu'on les traite avec confiance et respect, et c'est leur droit.

Posons-nous ici deux questions. La réponse que l'on donnera à l'une fournira automatiquement la réponse à l'autre.

1) Quel est l'effet de la méfiance chez l'enfant ?

2) Que produit la confiance chez l'enfant ?

Pour répondre à la première question, citons deux conséquences néfastes du manque de confiance :

Premièrement, il démoralise. Or c'est précisément ce que nous voulons éviter. L'une de nos tâches principales consiste à nous encourager mutuellement. Ceci ne peut avoir lieu dans un climat de suspicion ou de méfiance. Ce simple fait devrait être soigneusement considéré par les parents et les professeurs.

Deuxièmement, la méfiance produit les maux mêmes qu'elle cherche à prévenir. Si l'enfant sait que ses parents ne lui font pas confiance, il aura toujours l'excuse de dire : « Peu importe, de toute manière ils croiront au pire. » En passant, le manque de confiance dont on fait preuve à notre égard ne devrait jamais servir de prétexte à de mauvais agissements.

Il serait intéressant ici de souligner l'expérience d'enseignants qui ont mis au point ce qu'ils ont appelé la méthode de « modification du comportement », [2] une méthode de discipline qui, en résumé, récompense le bon comportement tout en ignorant le mauvais comportement. Les récompenses accordées pour un bon comportement iront généralement de l'approbation verbale aux sucreries. Les tenants de cette méthode ont remarqué que la répétition constante de remarques négatives sur le comportement des étudiants avait tendance à accroître leur comportement incorrect. D'un autre côté, lorsque les étudiants étaient encouragés pour leur bon comportement et que très peu de choses étaient mentionnées en rapport avec leurs écarts de comportement, ces derniers avaient tendance à s'estomper. Puis, lorsqu'un retour à des commentaires négatifs se produisait, par exemple : « Assieds-toi et tiens-toi tranquille » ou « tu n'es jamais à ta place », ils constataient aussitôt un retour à un comportement incorrect de la part de l'étudiant.

Cette expérience vient appuyer l'idée qu'*il est bon pour les enfants et les jeunes qu'on leur fasse confiance.*

Maintenant, quel effet la confiance produit-elle chez l'enfant ? Elle augmente son courage moral. Ceci est très important, car le Seigneur désire que nous ayons du courage. La vie l'exige aussi. Inversement, le découragement est l'oeuvre de l'ennemi. Nous aurions tort de penser que le Seigneur veut parfois nous décourager. Ce n'est pas du tout sa façon d'agir envers les hommes.

La confiance augmente le sentiment d'honneur d'un enfant. Il peut arriver que les enfants (cela se produit aussi chez les adultes) trahissent cet honneur, qu'ils n'agissent pas toujours de manière honorable. Si l'enfant trahit notre confiance, il en subira les conséquences, mais il ne faut pas en faire un dicton du style : « On ne pourra plus jamais lui faire confiance. » L'enfant sera habituellement peiné d'avoir agi ainsi envers la personne qui lui avait fait confiance. Il est probable qu'il n'aurait pas été aussi peiné pour quelqu'un qui ne lui aurait pas démontré autant de confiance.

Les enfants doivent avoir la possibilité de montrer qu'ils sont dignes de confiance. Cela leur permet d'accroître leur estime personnelle. *Ils ne devraient pas être amenés à croire qu'ils ne peuvent entrer ou sortir sans être surveillés.* Laissez à un enfant l'occasion de faire quelque chose par lui-même et vous verrez à quel point vous lui ferez plaisir. « Mon père me laisse laver l'auto ! » dira-t-il fièrement, tout en s'efforçant de faire de son mieux.

Le bénéfice le plus évident de la confiance que l'on manifeste envers l'enfant se trouve révélé dans cette vérité : *Amenez les jeunes à sentir que vous avez confiance en eux et rares sont ceux qui ne chercheront pas à se montrer dignes de cette confiance.*

CARL ROGERS citait à ce propos l'étude d'EMMERLING réalisée en 1981 dans laquelle les étudiants faisaient une nette distinction entre deux types de professeurs – les professeurs à tendance positive et les professeurs à tendance négative. Ce dernier groupe voyait les étudiants de manière négative, « en termes de déficiences et d'incapacités ». Les autres professeurs, plus positifs, se préoccupaient davantage « d'aider les enfants à raisonner par eux mêmes et à devenir autonomes ».[3]

Le parent ou l'éducateur négatif montre malgré lui une certaine méfiance envers l'enfant ; de tels individus mettent en doute les bonnes dispositions et l'intégrité de l'enfant. À l'opposé, le parent ou l'éducateur positif témoignera par son attitude de sa confiance envers l'enfant.

En réalité, notre confiance dit à l'enfant : « Je t'aime. » Tandis que la méfiance lui dit : « Je ne suis pas réellement sûr. »

 **_QUESTIONS :_**

- Comment appelle-t-on ces organisations internationales qui contrôlaient les marchés ? Et ceux qui les combattaient ?
- Quel rapport ont-ils avec notre étude présente ?
- Quel effet la méfiance produit-elle chez l'enfant ? Et la confiance ?
- Quel nom a-t-on donné à cette méthode qui récompense le bon comportement et qui ignore le mauvais ? Jusqu'à quel point est-elle valable ?

---

[1] Note du traducteur : l'auteur utilise ici un jeu de mots basé sur le terme anglais « trust » qui signifie aussi confiance. La comparaison se fait entre les briseurs de « trust » et les briseurs de confiance.

[2] De nombreux livres ont été écrits sur la méthode de « modification du comportement ». En étudiant cette méthode plus à fond, le lecteur pourra lui-même constater que certains aspects de cette technique disciplinaire sont inacceptables. L'auteur ne peut approuver cette méthode dans son intégralité.

[3] ROGERS, Carl R., _Liberté pour apprendre_, Dunod, 1972, p. 115-116.

RÈGLE GÉNÉRALE, LES RÈGLES SONT TROP GÉNÉRALES

Aucune satire, aucun sarcasme, aucun autoritarisme froid n'amènera jamais une classe, une école ou un foyer à un modèle de comportement satisfaisant. L'élaboration effrénée de règles innombrables ne pourra pas non plus améliorer le climat dans lequel vivent les adultes et les enfants.

Inversement, les enseignants et les parents cherchent parfois à atténuer les problèmes de comportement par une certaine dose d'humour. Il faut admettre qu'un certain sens de l'humour est essentiel à la survie d'un professeur ou d'un parent. S'il est employé avec sagesse, il peut permettre d'apaiser les tensions et de replacer les choses dans un meilleur climat.

Mais personne ne doit se laisser bercer par l'illusion qu'il peut résoudre tous les problèmes de discipline par l'humour. Car son humour paraîtra très vite sous son vrai jour, c'est-à-dire comme une tentative de contourner la difficile tâche de faire face à un problème de comportement chez l'enfant. L'éducateur expérimenté sait qu'en employant l'humour au lieu de faire face au problème, il use de tromperie en laissant croire à l'étudiant que son comportement est, jusqu'à un certain point, acceptable. Lorsque le professeur veut ensuite prendre ses responsabilités et discipliner l'enfant, il se retrouve dans une position plutôt embarrassante et délicate.

Il nous faut considérer le sujet de la discipline sans détour. La discipline ne peut s'effectuer en ayant recours à des expédients. Elle ne peut non plus réussir en faisant appel à une méthode unique, à une méthode miracle qui « fonctionne à tous coups ». Le parent ou l'enseignant qui prétend pouvoir maîtriser toutes les questions de discipline par une stratégie unique se trompe et omet de reconnaître qu'il existe des différences entre les enfants.

La meilleure manière d'aborder la discipline consiste premièrement à comprendre son véritable objectif (voir le Chapitre 2) puis à établir quelques règles bien choisies afin d'adapter cet objectif à l'enfant.

Ces règles sont nécessaires. Nous ne pouvons pas espérer nous en passer car si nous le faisions, nous souhaiterions immédiatement les rétablir. En quelque lieu que se forme une société, il est nécessaire d'établir des règlements afin de contrôler les actions individuelles tout en protégeant la liberté des individus. Mais les règlements ne devraient pas être affichés sur chaque mur et sur chaque porte. Le professeur ne devrait pas non plus avoir à les répéter à chaque phrase. À ce point de vue, nous avons besoin d'une directive claire :

Les règlements devraient être peu nombreux mais conçus avec soin et surtout rendus obligatoires.

Remarquez bien les trois points :

1. Les règlements devraient être peu nombreux.
2. Ils devraient être bien pensés et faits avec soin.
3. Ils devraient être mis en application de manière obligatoire.

Ce conseil ne pourrait pas s'avérer plus pratique. Nous accumulons souvent trop de règlements parce que nous permettons leur établissement en réponse à chaque nouvel irritant. Nous ne pouvons pas dire alors que nos règlements ont été bien étudiés. Le résultat, c'est que lorsque le calme est revenu et que le règlement nous paraît un peu trop déraisonnable, nous omettons de le mettre en application. En agissant ainsi, nous nous empêtrons dans un méli-mélo de règles assorti d'un déluge de violations. Le problème prend alors une toute nouvelle dimension : il devient double. Le personnel enseignant peut se retrouver dans un état d'extrême frustration à cause de certains règlements établis sans trop de réflexion. Chaque enseignant devrait aussi reconnaître qu'il doit assumer sa part de responsabilité dans l'application des règlements. Le dernier point souligné ci-haut mentionne que les règlements devraient être rendus « obligatoires ». Personne ne peut prétendre avoir rempli ses obligations en ce qui a trait au développement de l'enfant si, en participant à l'établissement d'un règlement, il ignore ensuite sa responsabilité de voir à ce qu'on s'y conforme.

Voici quelques autres aspects importants concernant la formation de règles appropriées :

Les règles en vigueur dans la salle de classe devraient refléter autant que possible l'opinion générale de l'école. Il faut que chaque principe impliqué dans le règlement soit présenté aux élèves de manière à ce que chacun d'eux soit convaincu de sa justice. Il comprendra alors sa responsabilité de veiller à ce que les règles qu'il a contribué à établir soient respectées.

Maintenant êtes-vous prêts à accepter toutes ces clauses ? Examinons-les de plus près.

1. Les règles doivent représenter *l'opinion de l'école*. Elles représentent la philosophie même de l'institution et de ceux qui en font partie (enseignants, administrateurs, parents et étudiants).
2. Les règles doivent être *justes*. Les étudiants auxquels on aura montré le principe en jeu devraient être convaincus de leur justice.
3. Les règles devraient être *basées sur des principes*. S'il n'y a pas de principe impliqué, le règlement devrait-il exister ?
4. Les étudiants devraient contribuer *à l'établissement des règles*.
5. Les élèves devraient *sentir leur responsabilité de voir à ce que les règlements soient suivis*.

Ce conseil peut sembler simple et clair, ne l'avons-nous pas pourtant transgressé à maintes reprises ? Des règlements scolaires ont vu le jour qui n'étaient basés sur aucune norme de bonne ou de mauvaise conduite. Aurait-on dû alors les abroger ? Oui mais attention, il existe certaines exceptions. Par exemple, les règlements basés sur la sécurité qui, même s'ils ne semblent pas directement issus d'un principe de base, devraient être maintenus.

Quelques questions surgissent ici : D'abord, à quel point les étudiants devraient-ils participer à l'établissement des règlements ? Il n'est pas facile d'y répondre, mais certains facteurs et conditions devraient être pris en considération. Le degré de maturité des étudiants et donc leur sens des responsabilités devrait être considéré. Si l'un d'eux devait insister sur une politique de contrôle inconsistante avec le point de vue de l'école, son opinion devrait être rejetée ou modifiée. Selon les critères énoncés ci-haut, nous pouvons dire qu'un étudiant peut participer à l'établissement de règlements s'il comprend ce qui est en jeu et s'il démontre son désir d'agir d'une manière responsable.

Une autre question qui pourrait en ennuyer plusieurs vient de la phrase qui dit : « L'étudiant devrait comprendre sa responsabilité de veiller à ce que les règles... soient respectées. » Ceci veut-il dire que l'étudiant devrait jouer le rôle de gardien ou de surveillant et veiller à ce que les autres étudiants se conforment aux règles ?

Nous admettons que l'étudiant devrait sentir sa propre responsabilité d'obéir aux règles, mais il n'est pas toujours facile pour lui de définir l'attitude à prendre envers ceux qui violent les règlements.

Une ligne de conduite raisonnable pour tous, étudiants comme professeurs, serait peut-être que ceux qui sont prêts à assumer la responsabilité d'appliquer les règles devraient aussi être impliqués dans leur établissement.

Nous croyons que l'étudiant devrait reconnaître sa responsabilité et voir à ce que les autres « vivent en accord avec les règles ». Ceci nous rappelle le célèbre proverbe qui fait justement allusion à ce rôle : « Le monde d'aujourd'hui a surtout besoin d'hommes (et de femmes) qui ne craignent pas d'appeler le péché par son nom. »

La vie d'un étudiant devrait être à ce point exemplaire qu'elle constitue un reproche vivant pour celui qui agit mal. Si sa vie est empreinte d'un vrai courage moral, il pourra aussi se permettre de reprendre verbalement celui qui marche à l'encontre des règlements établis. Le rôle le plus difficile à comprendre pour les étudiants et encore plus difficile à exécuter, c'est celui de dénoncer un contrevenant. En tant que parents et enseignants, nous n'avons pas toujours été nous-mêmes très à l'aise à ce propos. Peut-être nous faut-il ici nous en remettre à la conscience de l'individu ? Mais arrêtons-nous un moment sur ces deux points.

Nous ne devrions pas pousser l'étudiant à violer sa propre conscience. S'il ne se sent pas correct de faire rapport sur un autre, il ne devrait pas être forcé de le faire. Il ne doit pas se sentir forcé de rapporter une violation qui pourrait signifier un danger extrême pour le contrevenant lui-même et/ou pour d'autres. Mais lorsqu'il s'agit d'une question de morale, nous osons espérer que l'élève ira de son propre chef trouver le contrevenant pour en discuter, le conseiller et l'encourager à corriger lui-même la situation ou à l'aider si cela est nécessaire.

Autre question, si les règlements doivent être peu nombreux et bien choisis, quelle devrait en être le nombre ? Combien de règlements devrait-il y avoir ? Nous ne pouvons malheureusement pas donner de réponse précise. Voici cependant un principe de base qui devrait nous aider à déterminer le nombre de règles nécessaires. Les règles devraient être suffisamment nombreuses (ou peu nombreuses) pour *établir le climat désiré* en classe ou à la maison. *L'atmosphère devrait être de nature à fournir les meilleures possibilités de développement.* La croissance dont il est question ici touche, bien sûr, les dimensions *sociale, intellectuelle et spirituelle* de l'être humain.

Partout où un mauvais comportement tend à détruire ou à changer ce climat optimal, il est impératif que nous nous en occupions. Dans tous les cas où des règles nous voilent l'enjeu réel ou prennent une place plus importante que le climat d'apprentissage désiré, il faudra les modifier.

En résumé, les règles devraient être soit appliquées soit annulées. Nous n'aimons pas particulièrement cet aspect plutôt

légaliste, mais il n'existe pas d'autre façon de procéder. *Les règlements devraient être peu nombreux mais conçus avec soin et surtout appliqués de manière obligatoire.*

C'est sur ce point crucial que les jeunes gens et les enfants (même les tout-petits) surveillent de près la réaction des parents et des enseignants. « Insistera-t-il sur l'obligation de suivre le règlement ? » Si l'adulte met en application le règlement, fait assez surprenant, l'enfant ne s'en portera pas plus mal. Soyez assurés qu'il s'adaptera facilement aux bonnes pratiques : *lorsqu'il lui est impossible de changer les choses, l'esprit apprend à le reconnaître et à s'y adapter.* En d'autres mots, lorsque l'enfant se rend compte que vous n'avez pas l'intention de céder, il s'ajuste à la situation. L'expérience sera probablement plus pénible pour l'adulte que pour l'enfant, mais l'adulte doit persévérer. Le sage déclarait avec une pointe d'humour : « N'épargne pas la correction à l'enfant ; si tu le frappes de la verge, il ne mourra point. » (*Proverbes 23.13*)

Aucun individu normal n'aime en discipliner un autre. Cela ne fait jamais plaisir de voir une personne se soumettre avec peine à un règlement qui l'irrite. Mais chacun de nous doit s'acquitter fidèlement de cette tâche car la correction est, au fond, un acte d'amour. Car « je reprends et je châtie tous ceux que j'aime ». (*Apocalypse 3.19*)

 *QUESTIONS :*

- Comment faut-il élaborer les règlements (trois points) ?
- Comment un enfant réagit-il devant la fermeté des règlements ?
- Quel est le but des règlements ? _____ le _____ désiré en classe.

DEUX TÊTES DURES VALENT MIEUX QU'AUCUNE

Le titre un peu farfelu de ce chapitre possède malgré tout certains accents de vérité qui valent la peine que nous nous arrêtions un moment pour y réfléchir attentivement.

Il est normal que deux personnes entêtées trouvent parfois difficile de s'entendre ; car leur entêtement et leur orgueil bloquent les compromis et les arrangements.

Cependant, si l'une d'entre elles est plus flexible, les compromis proviendront généralement de l'initiative de cette personne de nature plus conciliante. Mais si l'on permet que s'établissent des conditions dans lesquelles c'est toujours la même personne qui cède, elle arrivera vraisemblablement à perdre tout droit à son opinion et toute indépendance de pensée.

Évidemment, ces deux situations sont loin d'être idéales. Le portrait de deux individus entêtés n'acceptant rien d'autre que leur propre idée ne nous attire pas particulièrement ; mais le second tableau est pire, car nous voyons alors l'une des deux personnes s'approcher d'une condition de soumission ou de reddition totale de son individualité à la volonté de l'autre.

Si nous devions chercher des exemples de ce genre de situation où l'un des individus cède sa volonté à l'autre, nous pourrions découvrir avec étonnement que celui qui a cédé n'est pas nécessairement l'enfant ou l'adolescent. Il arrive que ce soient les parents qui, frustrés et découragés devant l'obstination de leurs enfants, retraitent au point où les enfants deviennent seuls maîtres à bord. Cet état de choses bien malheureux peut aussi se produire dans une classe. Le professeur, voulant jouer au bon garçon, abdique devant les revendications de quelques jeunes gens plutôt insistants. Après l'avoir fait céder sur un point, les enfants ont vite fait de reconnaître sa faiblesse et il se voit forcé de faire concession sur concession. Il perd alors le contrôle de sa classe et, du même coup, le respect de ses élèves.

La prise de position d'un individu en faveur du droit et de la vérité ne devrait jamais provenir d'un simple entêtement. Elle devrait révéler à quel point la vérité est raisonnable. Mais comme les esprits ne sont pas toujours ouverts à la logique et à la raison, l'individu peut devoir prendre une position de fermeté qui paraît être de l'entêtement. Ce n'est surtout pas le temps de faire des compromis ni de devenir pragmatique en agissant d'abord pour réfléchir ensuite. *Il faut bien faire comprendre aux élèves que notre manière de gouverner n'accepte aucun compromis avec le mal. La désobéissance ne doit pas être tolérée, que ce soit à la maison ou à l'école.*

Plusieurs de ceux qui ont étudié l'histoire de la Seconde Guerre Mondiale se souviendront du sens étonnant de leadership de SIR WINSTON CHURCHILL, l'ancien Premier ministre de Grande-Bretagne. Sa profondeur d'esprit et son éloquence n'avaient d'égal qu'une chose : son entêtement. Ce fut pourtant cette obstination courageuse qui redonna espoir et confiance aux Alliés. « Nous ne nous rendrons jamais. » Telles furent les paroles vaillantes qui touchèrent les coeurs et firent couler l'adrénaline dans les veines. Elles piquèrent au vif tous ceux qui faisaient partie des Alliés et ils marchèrent ensemble vers la victoire. D'autres facteurs contribuèrent, bien sûr, à la victoire mais peu d'entre eux n'eurent autant d'impact que le refus obstiné de tout compromis manifesté par le Premier ministre anglais.

Il y a des moments dans la vie où l'heure est au compromis, mais lorsqu'il s'agit d'une question de principe, il devient nécessaire d'adopter une attitude héroïque de fermeté en faveur du droit et de la vérité. Pensons un instant à PAUL qui, ignorant la peur, exigea de témoigner devant César de son innocence, ou encore à MARTIN LUTHER, simple moine mais digne réformateur, qui fit face au puissant empereur CHARLES QUINT pour défendre la liberté de religion, ou encore à ce martyr des temps modernes, DIETRICH BONHOEFFER, retourné volontairement en Allemagne pour encourager ses compatriotes croyants à tenir ferme devant ADOLF HITLER et le nazisme ; sans compter cette foule considérable de héros de la foi qui tous prirent fermement position en faveur de la vérité et du droit. Ils n'eurent recours à aucun expédient, ils ne firent aucun compromis.

Il peut paraître curieux que l'on puisse comparer la tâche des professeurs et des parents à celle des martyrs ou des héros de l'histoire. Néanmoins, lorsqu'il s'agit d'une question d'intégrité et de principe, leur décision est tout aussi capitale. Nous ne pouvons admettre un seul compromis avec le mal et nous ne devons pas non plus tolérer la désobéissance. Un noble entêtement doit prendre place devant tout défi envers l'autorité établie.

À ce stade-ci, imaginons un moment que nous sommes aux prises avec une rébellion. Quelques enfants refusent d'accepter certains règlements en vigueur pourtant raisonnables (ce peut être à la maison ou à l'école). Défiant l'autorité, ils refusent d'obéir, chacun à sa manière.

1) L'un d'eux défie ouvertement l'autorité en démontrant de l'entêtement ; il opte volontairement pour la désobéissance.

2) Un autre a recours au subterfuge ou au leurre et cherche à éviter toute discussion sur la question.

3) Le troisième plaide plutôt l'ignorance et une mauvaise compréhension de sa part.

Comment réagir face à de tels comportements ? Peu importe la tactique employée, qu'il s'agisse d'une rébellion ouverte ou silencieuse, il serait mal venu d'y faire face avec un compromis. Ceci ne veut pas dire, d'un autre côté, que le parent ou le professeur favorisera la confrontation. Au contraire ! La personne en position d'autorité ne cherchera jamais l'affrontement et ne voudra pas non plus amplifier le problème. Elle agira plutôt par principe. Les enfants devraient cependant avoir déjà été informés des conséquences d'une rébellion. Le parent ou le professeur cherchera à enrôler la raison et la loyauté de l'enfant concerné. Quand tout semblera avoir échoué, le parent ou le professeur s'en tiendra calmement au principe. C'est là le plus bel exemple d'amour que l'on puisse donner à un enfant. Remarquez bien, *ce n'est pas l'amour mais le sentimentalisme qui tergiverse avec les mauvaises actions, qui cherche à obtenir la soumission par la flatterie ou les récompenses, et qui accepte finalement un substitut au lieu de ce qui était exigé.*

Le parent ou l'enseignant qui néglige la tâche d'administrer la discipline peut se rendre coupable d'un souci du moi qui prend la place de la préoccupation aimante qu'il devrait avoir pour l'enfant. Cette négligence est classée comme « le plus grand tort que l'on puisse faire à un enfant ou à un adolescent ».

L'adulte qui craint de perdre l'amour d'un enfant en faisant preuve de discipline découvrira au contraire qu'il peut, en disciplinant fidèlement, s'attirer davantage l'amour de cet enfant. Et cet amour de qualité supérieure, cet amour inconditionnel, s'accompagnera aussi d'une grande admiration.

 **QUESTIONS :**

- Quand l'entêtement peut-il être bénéfique ?
- Quelles sont les attitudes indicatrices d'une rébellion ?
- Comment appelle-t-on cet amour de contrefaçon qui tergiverse avec les mauvaises actions ?

LE BÂTON OU...
LES BONBONS

- « Celui qui ménage son bâton hait son fils, mais celui qui l'aime est diligent à le discipliner. » (*Proverbes 13.24, RSV*)
- « *Un enfant fréquemment repris pour la même faute en vient à la considérer comme un défaut inné de sa personne contre lequel il est inutile de lutter.* »
- « Les fleurs ne peuvent s'épanouir sous le souffle d'un vent brûlant. »

Relisez ces citations. Y voyez-vous une contradiction ? Probablement pas. La première nous dit très clairement que le parent qui aime son fils le disciplinera quand cela sera nécessaire. Elle nous indique aussi que le fait de ne pas discipliner constitue une forme de haine. Lorsque j'ai lu ce passage, j'ai eu beaucoup de difficulté à en comprendre le sens. Puis un jour, alors que j'étais principal d'école, un jeune homme du collège m'a raconté ce qui suit : « Vous savez, mon père ne s'est jamais occupé de moi. Il ne m'a jamais discipliné. » Le jeune homme semblait avoir saisi l'idée. Est-il possible que les enfants puissent aussi comprendre le sens de Proverbes 13.24 ?

Dans la première phrase, l'auteur des Proverbes, le sage roi SALOMON, nous montre la relation étroite qui existe entre la discipline et l'amour. Dans la seconde phrase que nous avons citée, la discipline nous est présentée sous un autre angle. Mais la déclaration semble décrire une mauvaise utilisation de la discipline. Le parent use davantage de harcèlement que de discipline, selon ce que nous révèle l'expression « un enfant fréquemment repris pour la même faute ». Nous aurions pu ainsi employer le mot « harcelé » au lieu de « fréquemment repris » sans changer vraiment le sens du texte.

Les parents, tout autant que les professeurs, peuvent facilement tomber dans ce piège et prendre la mauvaise habitude de harceler. Nous saisissons mieux ce que cela signifie en le comparant au harcèlement sexuel qui cause tant de traumatismes physiques et psychiques chez les enfants et les adolescents. De la même façon, la douleur intérieure et souvent invisible qu'éprouve l'enfant soumis à du harcèlement mental ne cadre pas du tout avec l'objectif poursuivi dans la discipline.

Il est certain qu'aucun nouveau professeur ou jeune parent n'oserait prendre l'habitude de réprimander ou de harceler. Le fait est que le parent ou l'enseignant n'y tombe pas tout d'un coup et encore moins volontairement ; il y glisse imperceptiblement.

Lorsqu'il est en classe, l'enseignant consciencieux cherche premièrement à enseigner et il s'attend à ce qu'un certain apprentissage ait lieu. Mais si les enfants prennent trop de temps à regagner leur place après une récréation, s'ils ne sont pas trop pressés de se mettre au travail, le professeur peut commencer à s'énerver. « Jonathan, assieds-toi immédiatement. » « Marie-Ève, baisse ta main, ton tour viendra dans une minute. » « Jimmy, veux-tu laisser Linda tranquille ! » Les paroles négatives s'accumulent et les enfants s'y habituent, si bien qu'ils n'entendent plus les doléances du professeur, l'obligeant à commander toujours plus fréquemment. Le professeur aura ainsi mis au point une nouvelle technique : l'art de la censure ou du harcèlement.

Ce peut être aussi le cas d'une mère trop occupée. Son temps est compté. Des visiteurs s'annoncent. Les enfants jouent par terre ou se mettent en travers de sa route. Et la voilà bientôt en train de les reprendre sans arrêt. « Allez jouer dehors. » « N'allez surtout pas dans la boue. » « Justin, comment as-tu fait ce trou dans ta chemise ? »

Le professeur et la mère n'ont pas commis de délit grave. Ils ont tout simplement pris la mauvaise habitude de censurer.

L'effet sur les enfants est malheureusement négatif, parfois dévas-
tateur, et les adultes se sentent eux-mêmes de plus en plus coincés,
inconfortables et isolés dans le piège où ils sont tombés.

Il peut être intéressant ici de rapporter comment l'utilisation d'une nouvelle méthode a permis à plusieurs professeurs de
se débarrasser de cette habitude négative qu'ils avaient acquise.
Selon cette nouvelle méthode, qu'on a appelée « modification du
comportement » (voir le Chapitre 6 « Les briseurs de confiance »),
le professeur s'efforce de se concentrer sur les observations de
type positif et cherche à prodiguer des encouragements. Il le fera
en récompensant le bon comportement et en ignorant le mauvais.
Les récompenses peuvent être assez variées.

Certains ardents défenseurs de la méthode de « modification du comportement » vont même jusqu'à récompenser
l'enfant avec des bonbons *au moment où il effectue l'action* qu'on
attend de lui. Il peut s'agir d'un bon geste envers ses camarades,
d'un bon résultat dans un devoir ou encore d'une bonne réponse
à un problème.

Dans d'autres techniques de récompense, on leur donnera
des jetons qu'ils pourront ensuite échanger contre diverses choses.
Le but visé par la récompense reste fondamentalement le même.
L'enfant doit être récompensé *au moment précis de l'acte.* Une
réponse immédiate est considérée comme absolument essentielle.

Un autre type de récompense consiste à allouer une
certaine période de temps à l'enfant pour des activités de son
choix. L'enfant « gagne » un nombre défini de minutes pour
chaque bonne action ou chaque tâche accomplie. Lorsqu'il a
accumulé suffisamment de temps pour l'activité désirée, on lui
alloue la période de temps libre pour s'y consacrer.

Il est intéressant aussi de noter que, dans les expériences
concrètes où l'on a employé cette technique, on a découvert que
les enfants ne s'objectent pas à ce que différents types de gratifica-
tions soient utilisés pour les autres membres de la classe. Il se
peut que certains parents ou enseignants ne se sentent pas tout à
fait à l'aise avec ce genre de technique et ils ont probablement de
bonnes raisons. Car l'idée de donner des bonbons ou des sucreries

pour chaque bonne action ou chaque travail bien exécuté ne nous apparaît pas comme une méthode valable. Le fait d'ignorer ou de passer par-dessus un mauvais comportement ne nous semble pas non plus correct. Nous préférons de beaucoup « appeler le mal par son nom ». De plus cette technique semble encourager la nature égoïste de l'enfant.

Attention cependant ! Avant de la jeter par-dessus bord, nous devrions prendre en considération quelques faits additionnels. Nous savons par exemple que, dans des expériences menées en classe, la méthode de modification du comportement a produit de bons résultats. Elle a permis de réduire les comportements inacceptables. Lorsque, de temps à autre, les professeurs recouraient aux observations négatives et aux reproches, ils constataient que les incidents inacceptables surgissaient de nouveau et augmentaient même en nombre.

Soulignons que les tenants de cette technique comprenaient qu'il ne fallait pas mettre l'accent sur les récompenses. Leur intention n'était pas de récompenser chaque bonne action. Car l'encouragement positif semble plus efficace lorsqu'il n'est pratiqué qu'occasionnellement.

Cette technique peut avoir l'apparence d'une gâterie ou d'une cajolerie pour certains. J'imagine déjà les objections et les remarques du style : « Dans mon temps... »

Nous avons intitulé ce chapitre « Le bâton ou... les bonbons ». Devons-nous absolument choisir l'une des deux méthodes ? Ou n'y a-t-il pas un « terrain mitoyen » peut-être plus approprié ? Voyons s'il existe une autre méthode moins draconienne.

Il est bien compris de nos jours que l'homme est naturellement porté vers le mal (*Romains 3.9*) et qu'il a, par conséquent, tendance à adopter des positions extrémistes. Or, en matière d'éducation, les chefs de file et leurs émules font souvent l'erreur de prendre des positions extrémistes ! C'est l'une des raisons pour lesquelles nous voyons souvent certains systèmes d'éducation faire marche arrière et délaisser les positions jadis défendues avec tant d'acharnement. Nous devons nous garder de suivre leurs traces.

Alors quelle position le professeur ou le parent devrait-il adopter ? Nous possédons toutes les bases nécessaires pour ériger l'édifice. Nous savons avec certitude que :

1. Ne pas discipliner peut constituer une forme de haine (*Proverbes 13.24*).

2. La censure fréquente (le harcèlement) est mauvaise (*Éphésiens 6.4*). Réfléchissons quelques instants aux techniques du Maître des maîtres. A-t-Il déjà récompensé un individu sur-le-champ pour un comportement approprié ou pour une bonne réponse ? À titre d'indice, rappelez-vous différentes expressions dont Il aimait faire usage : « Bien fait », « Tu as eu raison de dire » et le célèbre « Moi non plus, je ne te condamne pas ».

Aux deux points que nous venons de souligner, nous pouvons en ajouter deux autres :

3. *L'encouragement et les récompenses* peuvent être employés à condition de le faire judicieusement. Sarnoff MEDNICK définit l'encouragement « comme étant tout ce qui augmente la probabilité d'obtenir un comportement identique à celui qui le précède systématiquement ».[1]

4. Ignorer le mal est en soi-même mal. Il ne faut cependant pas l'amplifier, ce que nous avons malheureusement tendance à faire dans les moments de stress intense. Ce n'est pas notre rôle de passer à la loupe tous les agissements d'un enfant.

La question donc ne peut être réglée par un simple choix entre « le bâton ou les bonbons ». Éviter les extrêmes est une bonne chose mais cela nous oblige-t-il à adopter un compromis ? Le mot *compromis* n'est pas tout à fait juste, parlons plutôt d'*équilibre*. Les parents et les enseignants ont besoin de sagesse pour savoir quand ils doivent réprimander et quand ils doivent encourager. Ils doivent se garder de leur tendance naturelle à glisser vers l'un ou l'autre de ces deux pôles. Il n'est pas bon de reprendre l'enfant trop souvent ni non plus d'ignorer ses fautes.

Ajoutons pour conclure que, dans toutes nos recherches et nos techniques, nous devons laisser savoir à l'enfant que nous agissons de manière à l'aider à devenir une personne responsable.

QUESTIONS :

- Qu'est-ce qui constitue une grande menace pour nos enfants tout en passant souvent inaperçue ?
- Quelle technique met l'accent sur les points positifs dans le comportement de l'enfant tout en ignorant les points négatifs ?
- Quelles sont les quatre bases idéales de l'édifice que nous souhaitons construire ?

---

[1] MEDNICK, Sarnoff A., *Learning*, Prentice-Hall, 1964, p. 10.

AH , AH !
JE VOIS !

Il arrive qu'à la fin de leur engagement, certains soldats choisissent de s'enrôler de nouveau pour une période de service additionnelle. D'autres, de leur côté, jugent qu'ils en ont eu assez et ils ont hâte de pouvoir respirer à leur aise. Vous avez sûrement entendu parler de ces vétérans qui avaient été tellement déçus par l'armée qu'ils en étaient arrivés à considérer d'un oeil méfiant les scouts, les explorateurs et autres organisations du même genre.

Assez curieusement, plusieurs parents et enseignants ont, à une période donnée, été témoins de changements radicaux dans le caractère de leurs enfants. Jadis si obéissants et si affectueux pendant leurs jeunes années, ils sont passés par des changements néfastes au cours de leur adolescence.

Qui ne connaît pas les changements physiologiques et psychologiques que subissent les adolescents ? L'adolescence est une période de grandes transformations. Ce peut être une période excitante et plaisante dans la vie d'une personne, comme ce peut être aussi une période extrêmement décourageante – une période de désappointement pour l'enfant comme pour le parent.

Au cours de ce chapitre, nous limiterons notre étude à un seul point : *comment enrôler de nouveau l'enfant du côté de la raison et du bon sens.* En d'autres termes, comment l'orienter en faveur du bien.

Il est malheureusement plus facile pour les parents et les enseignants de se revêtir du grand manteau de l'autorité au lieu de s'adresser à l'adolescent avec gentillesse. « Il devrait être assez vieux pour savoir. Il se souvient très bien de ce que nous lui avons enseigné. Nous n'avons pas le temps de le cajoler, ce n'est plus un bébé après tout ! » En adoptant une telle attitude, les parents ne font que creuser davantage le fossé qui finira par devenir un abîme.

Revenons ici à certains principes de base du processus de décision.

Premièrement, il y a dans la vie des décisions qui ne sont pas toujours faciles à prendre ; même les décisions les plus importantes ne seront pas nécessairement prises « une fois pour toutes ». À titre d'exemple, pensons simplement à notre vie spirituelle au cours de laquelle nous devons constamment renouveler notre engagement envers le Seigneur et Lui dire : « Merci de ton amour et de ta patience, Seigneur ! Aide-moi encore à marcher avec toi. »

Deuxièmement, l'obéissance doit provenir à la base d'une décision personnelle de l'enfant ou de l'adolescent. Le principe de lui apprendre à se diriger lui-même s'applique toujours, même au travers des expériences difficiles de l'adolescence.

Troisièmement, la décision devrait être réfléchie. Nous devons amener l'enfant à comprendre la raison de la réprimande ou de la requête que nous lui adressons. Si nous ne réussissons pas sur ce point, nous échouerons certainement à lui inculquer le véritable but de la discipline. *Le véritable objectif de la réprimande n'est atteint que lorsque celui qui a mal agi est amené à reconnaître sa faute et que sa volonté est enrôlée pour la corriger.*

Dans la vie, le succès implique une expérience continuelle de renouveau. L'individu s'enrôle à nouveau au cours de chaque nouvelle expérience qui implique une prise de décision cruciale. Or, pour que l'individu veuille réellement s'enrôler, il doit comprendre les enjeux de sa décision. Ayant vu le mauvais côté du mal et ayant été convaincu de la bonne action à prendre, il choisira lui-même de s'enrôler à nouveau. Aucun parent ou professeur ne devrait, par manque de patience ou de confiance, priver l'enfant de son droit fondamental de dire : « D'accord ! »

Quelqu'un a dit : « Nous n'aimons pas être liés aujourd'hui par un engagement que nous avons pris hier. » L'adolescent, qui est presque devenu une nouvelle personne, se souvient de ses engagements passés mais il peut maintenant voir les choses différemment. Au lieu d'utiliser le bon vieux « Souviens-toi de ce que tu m'as promis », mieux vaut lui présenter de nouveau les grands principes qu'il avait précédemment acceptés. Il pourra ainsi voir comment ils peuvent s'enchâsser dans ses nouvelles expériences.

Les éducateurs ont depuis longtemps défendu ce qu'on appelle le principe de « la perception de l'objectif ». Ils reconnaissent que si l'objectif peut être précisé dès le départ, l'apprentissage sera beaucoup plus facile.

De la même façon, lorsqu'un individu comprend « le véritable but de la réprimande », il sera vraisemblablement porté à :

1) accepter la réprimande sans ressentiment ;
2) à abandonner l'habitude ou l'action qui lui a valu cette réprimande.

Il faut cependant faire très attention de lui communiquer la « véritable raison de la réprimande ». Cela demande de l'honnêteté de la part de la personne qui réprimande. Si elle joue le rôle de martyr, en exposant toute la souffrance que lui a causée l'enfant, elle fausse l'objectif. Elle doit honnêtement identifier le véritable but de son reproche. Il ne s'agit pas nécessairement d'une grande discussion à caractère moral. Le fautif peut simplement avoir fait preuve d'égoïsme envers son frère ou il peut avoir été un peu négligent dans le soin de ses vêtements ou dans l'entretien de sa chambre. S'il fallait exiger que ce simple écart s'accompagne d'un fort sentiment de culpabilité, la réprimande deviendrait plus néfaste que bénéfique.

Chaque fois qu'un enfant ou un jeune a l'occasion de vivre l'expérience « Ah, ah ! », comme l'ont appelée certains psychologues, il vient de remporter une victoire. Lors de cette expérience, l'idée ou le concept s'éclaire tout à coup dans l'esprit de l'élève.

Au moment où l'individu peut dire : « Ah, ah ! je vois ! », il est généralement prêt à accepter un nouveau point de vue. Une fois ce point atteint dans notre relation avec l'adolescent, il devient ensuite plus facile de franchir une nouvelle étape de perception pour progresser vers d'autres apprentissages. Il arrive souvent que l'enfant atteigne lui-même cette maturité sans l'aide d'un adulte. Lorsqu'un enfant peut ainsi réussir l'expérience « Ah, ah ! », il acquiert de la sagesse et de la maturité. Il commence à devenir responsable. En réalité, il a commencé à se gouverner lui-même.

 **QUESTIONS :**

- Quelles sont les trois étapes du processus décisionnel ?
- Comment appelle-t-on aussi le principe décrit sous le curieux nom d'expérience « Ah, ah ! » ?

11

LA GRANDE ÉLOQUENCE DU SILENCE

Les professeurs de diction rappellent souvent à leurs élèves qu'ils se doivent de « cultiver la pause ». Le conseil peut sembler banal mais il n'est pas facile de le mettre en pratique. Ce redoutable silence produira parfois quelques pincements de coeur chez l'orateur : « Ai-je bien souligné le dernier point ? Recevront-ils mon message si je 'cultive la pause' ? Et si j'oubliais ce que je dois dire parce que ma pause a été trop longue ? Qu'est-ce qui m'arriverait ? » Effrayé par l'idée du silence, le débutant inquiet et nerveux finira par remplir chaque moment de paroles.

Tenez-vous bien, le voilà parti, mitraillant son auditoire d'une rafale de mots ! Ils n'arrivent pas à le suivre mais qu'importe, il doit absolument terminer à l'heure. Il continue et, dans un déluge de citations toutes trop importantes pour en omettre une seule, il finit par livrer sa marchandise, pêle-mêle. N'allez surtout pas lui dire qu'il aurait été mieux compris en mettant l'accent sur quelques points essentiels et en laissant à ses auditeurs le temps de les absorber et de les digérer. Ne lui dites pas non plus qu'une demi-heure aurait suffi.

En voici un autre exemple : le professeur s'adresse à la classe par une question. Pour une raison quelconque, la classe prend du temps à répondre. Le professeur, incapable d'endurer le silence, répond à sa propre question. Il en pose une autre, de nouveau le silence. Il y répond lui-même encore une fois. La « discussion » continue mais il n'y a pas réellement d'échanges entre le professeur et les étudiants. Le professeur n'a pas réussi à prendre le pouls de ses étudiants parce qu'il ne supporte tout simplement pas le silence. (Essayez simplement de parler à la personne qui est à côté de vous puis faites une pause de six secondes avant de poursuivre avec le point suivant. En êtes-vous capable ?)

Judicieusement utilisée, la pause a cet avantage de permettre à l'auditeur de bien comprendre le point présenté. Aucune avalanche d'idées ou de mots ne vient le déranger. Pas de notes à prendre à toute vapeur. Il peut réfléchir à l'idée lentement et « ruminer » à sa guise. Pendant ce temps, le bon orateur ou le bon professeur ne perd jamais le fil de sa pensée.

Lorsque nous pensons à certains grands orateurs, nous ne pouvons nous empêcher de nous rappeler certaines phrases typiques de leurs discours, des phrases courtes, brusques, des énoncés-chocs.

« Nous ne nous rendrons jamais ! » avait dit WINSTON CHURCHILL. Cette courte déclaration était lourde de signification et démontrait une attitude empreinte de fermeté. Mais il donna le temps à son auditoire non seulement d'apprécier ses paroles mais aussi son attitude de détermination.

De même, le Président FRANKLIN D. ROOSEVELT avait déclaré solennellement devant le Congrès américain que le 7 décembre 1941 resterait une date « marquée du signe de l'infamie ». Il s'agissait bien sûr de l'attaque des Japonais contre la flotte américaine à Pearl Harbor dans le Pacifique. Ayant eu le temps de bien peser le message, la nation se mit ensuite résolument à la tâche.

Plus près de nous, MARTIN LUTHER KING, dans sa croisade en faveur des droits civiques des Noirs américains, nous a légué cette phrase célèbre et historique : « J'ai un rêve. » Tous ont rêvé avec lui, au moins un instant.

Mais qu'est-ce que tout ceci vient faire dans la discipline ? Que vient faire le silence dans la tâche de celui qui doit discipliner ? Considérez ce conseil judicieux :

Ceux qui désirent diriger les autres doivent d'abord apprendre à se diriger eux-mêmes. Agir envers un enfant sous l'influence de la colère ou de la passion ne fera que créer en lui du ressentiment. Lorsque les parents ou les maîtres manquent de patience et risquent de parler sans réfléchir, qu'ils se taisent. Il y a dans le silence une puissance merveilleuse.

Le pouvoir du silence a été démontré en de multiples occasions. Le professeur n'a pas besoin d'adresser de reproche verbal. Un regard silencieux en direction de l'élève en faute peut faire tomber le silence sur toute la classe. Seul l'étudiant volontairement rebelle ou indifférent refusera de reconnaître le message. Évidemment, le professeur doit pouvoir commander le respect de ses étudiants par son enseignement et son comportement.

Si le professeur devait enchaîner avec un court « sermon » sur l'incident, il pourrait facilement détruire l'effet produit par le silence sur le groupe. Le professeur devra peut-être discuter avec l'étudiant fautif après la classe, mais il ne sera pas obligatoire de « s'occuper de son cas ». Si nous devions demander à Jésus ce qu'Il a fait avec Marie-Madeleine lorsque ses péchés ont été dévoilés, Il répondrait : « Je lui ai simplement dit que je ne la condamnais pas ; puis je lui ai conseillé d'aller et de ne plus pécher. » « C'est tout ? » « Oui, c'est tout. » « Pas de confessionnal, pas de pénitence ? » « Non. »

Avez-vous déjà vu un conférencier faire une longue pause ? Vous avez peut-être remarqué que certains de ces moments de silence n'avaient pas pour but de souligner certains points du message mais de rappeler à l'ordre quelques personnes un peu trop bavardes ou agitées. Un reproche verbal aurait été dans un tel cas trop cruel. Le silence amène la personne consciencieuse à faire attention.

La réprimande comme toute autre forme de discipline ne doit pas être trop dure. Si l'objectif de base est « d'apprendre à l'individu à se gouverner lui-même », il est essentiel que chaque démarche soit calculée de manière à conduire l'individu jusqu'au but. Une réprimande cinglante et de dures dénonciations accomplies sous le coup de l'émotion peuvent totalement détruire l'objectif. Le traumatisme risque d'être si grand qu'il fera perdre la leçon qu'il fallait en tirer.

Lorsque Jésus fit la purification du temple, Il fit attention à ne jamais perdre de vue le message qu'Il voulait communiquer, c'est-à-dire sa grande préoccupation pour la maison de son Père. Les vendeurs et les acheteurs sentirent la portée de ses paroles et le silence fit le reste. Ils sortirent d'eux-mêmes, rapidement. Quand ils revinrent et virent Jésus entouré de jeunes enfants, ils contemplèrent une scène paisible et mieux appropriée au lieu sacré que représentait le temple. L'atmosphère avait radicalement changé, pour le mieux. Il peut en être de même pour vous.

Jetons maintenant un coup d'oeil sur les avantages que présente le silence en tant que forme de discipline.

1. Il évite de susciter le ressentiment.

2. C'est un excellent exercice de maîtrise de soi. Celui qui l'emploie doit savoir en premier lieu se gouverner lui-même.

3. Il empêche le parent ou le professeur de parler sans réfléchir ou sous l'effet de la colère. Plusieurs d'entre nous, sinon tous, avons déjà prononcé des paroles méchantes que nous souhaiterions n'avoir jamais dites. Ces paroles n'ont jamais contribué à améliorer notre position et elles n'ont pas non plus accompli la tâche que nous aurions souhaité qu'elles accomplissent.

4. Le silence est une puissance. Il renforce la position du parent ou du professeur.

Comme pour tous les principes de discipline, nous devons voir le silence sous différents angles. Nous devons premièrement réaliser qu'il y a un grand pouvoir dans le silence. Cependant, nous ne devrions pas supposer qu'il fonctionnera dans toutes les situations. Si le silence n'a pas réussi, il se peut très bien qu'il faille opter pour une autre solution. La nature du problème et la maturité de l'individu ou des individus impliqués sont des facteurs qui permettront de déterminer l'étape suivante.

L'un de mes professeurs avait une devise qui illustre bien le point suivant : « Le silence est d'or – mais il n'est parfois que jaune. » C'est quelquefois manquer de courage que de rester silencieux. Celui qui dit « Je ne veux pas m'en mêler » tombe dans cette catégorie. Demeurer silencieux alors que nous devrions nous lever et parler représente une mauvaise utilisation du silence. L'esprit de timidité et de crainte a peu de choses en commun avec une véritable éducation chrétienne.

Je me souviens d'un de mes élèves de pédagogie qui enseignait la mécanique automobile dans une école secondaire. Un jour, l'un des adolescents lui fit une remarque blessante tandis qu'il passait à proximité. Le jeune pédagogue, peu expérimenté et probablement surpris, lui lança alors cet avertissement à voix basse : « Attention ! » Mais cette parole de reproche n'eut que peu d'effet sur le garçon. Si notre jeune ami s'était simplement arrêté, s'il l'avait regardé droit dans les yeux sans rien dire, ne serait-ce que quelques secondes, et s'il lui avait ensuite demandé de passer à son bureau après la classe, la crainte et l'inquiétude auraient gagné le garçon et changé son attitude. Le silence, suivi d'une requête ferme mais calme, aurait été l'outil le plus puissant dans une telle situation.

Un outil utilisé avec adresse peut nous permettre de créer une magnifique oeuvre d'art ; mal utilisé, il peut au contraire blesser ou défigurer. Le silence en est un.

 *QUESTIONS :*

- Quelle est l'influence la plus susceptible de causer du ressentiment chez l'enfant ?
- Quels sont les quatre avantages du silence en tant que forme de discipline ?

LES MEILLEURS INSTRUMENTS

Nous avons tous entendu à un moment donné certains spécialistes exprimer leur intention de se procurer le meilleur équipement « que leurs moyens pouvaient leur permettre ». Nous pensons tout de suite au professionnel d'une clinique de santé, médecin ou dentiste, mais aussi au simple plombier, si précieux dans les situations d'urgence. Ils se doivent d'être prêts à toute éventualité. Ceux qui réfléchissent ainsi tout haut doivent être pris au sérieux car ils agissent rapidement et passent fréquemment de la parole aux actes. Aussi en retirent-ils fréquemment de bons dividendes.

Ces mêmes gens croient également qu'ils doivent faire de leur mieux dans tout ce qu'ils entreprennent. Je crois, moi aussi, à un travail de qualité, mais je dois avouer que dans mes pauvres tentatives de fabriquer une étagère ou de réparer la plomberie de la maison, j'ai fréquemment échoué à atteindre les normes de qualité que ma femme avait établies pour moi. Il m'a fallu alors lui démontrer que j'aurais pu faire un bien meilleur travail si j'avais eu en main les outils appropriés. Cet argument de défense ne nous semblait pas très convaincant à tous deux mais comme mon ego souffrait et que mon pouce suintait, il me fallait bien trouver une excuse !

Comment peut-on discipliner ? Comment peut-on réussir à enrôler les efforts de l'enfant pour en tirer le meilleur parti ? En employant les meilleurs instruments disponibles, bien sûr. Mais justement, quels sont les outils nécessaires pour nous permettre d'apprendre à un enfant à se gouverner lui-même ?

Nous sommes tous convaincus de la nécessité d'apprendre à l'enfant à se gouverner lui-même, mais la manière d'y parvenir semble jusqu'à un certain point nous échapper. Car _il s'agit certainement de l'oeuvre la plus belle mais aussi la plus difficile jamais confiée à des êtres humains. Elle exige le tact le plus délicat, la sensibilité la plus vive, une connaissance approfondie de la nature humaine, une patience et une foi surhumaines, ainsi qu'une volonté de travailler sans relâche, de veiller continuellement et d'espérer sans faillir._

Quels sont ces outils si nécessaires pour exécuter ce que plusieurs considèrent comme une oeuvre que rien ne peut surpasser en importance ? Avant de passer à l'identification de ces outils, examinons d'abord en quoi consiste le travail. Jetons un coup d'oeil aux superlatifs utilisés ci-dessus pour décrire la bonne discipline. « La plus belle » signifie dans le contexte « la plus délicate », une tâche exigeant un tact et une habileté extrêmes. Pour qu'une telle précision soit nécessaire, il faut sans aucun doute que le travail soit considéré comme extrêmement délicat et difficile ; vraiment « cette oeuvre est la plus belle mais aussi la plus difficile ». Malgré cette mise en garde, le parent et l'enseignant se doivent d'accepter la tâche qui leur est confiée, sachant qu'elle est conçue pour produire de si nobles résultats. Non vraiment, aucune tâche ne peut la surpasser en importance. Non seulement n'y a-t-il pas d'oeuvre plus importante, mais _il ne peut y avoir_ d'oeuvre plus importante que celle de bâtir des caractères.

Examinons maintenant ce que notre ouvrier devra emporter avec lui dans sa boîte à outils :
- le tact le plus délicat ;
- la sensibilité la plus vive ;
- une connaissance approfondie de la nature humaine ;
- une confiance inébranlable ;
- la patience manifestée dans : a) la volonté de travailler ; b) la volonté de veiller ; c) la volonté d'attendre ou d'espérer.

Ce coffre d'outils, cette liste de qualités, pourrait de prime abord nous porter au découragement. « Je ne possède absolument pas ces capacités ! J'ai l'impression que c'est trop compliqué et qu'il vaudrait mieux tout laisser aux spécialistes ! »

Attendez un peu ! Avant de nous décourager, examinons en détail chacune de ces qualités. Premièrement, un *tact délicat*. Voici ce qu'un dictionnaire nous apprend sur ce qu'est le « tact » : « Perception mentale aiguisée, juste discernement de ce qu'il est approprié de faire ou de dire dans nos relations avec les autres, capacité particulière d'agir envers les autres sans offenser. » (WEBSTER, *New Collegiate Dictionary*). « Habileté et grâce démontrées par une personne bien élevée dans ses relations avec les autres. » (WEBSTER, *New Dictionary of Synonyms*)

Le tact est un don que possèdent certaines personnes et que doivent apprendre certaines autres. Ce n'est absolument pas une qualité que l'on peut apprendre intellectuellement. Elle s'apprend plutôt aux pieds du Maître. Il avait une telle sagesse et un tel tact qu'Il pouvait fréquenter toutes les classes d'hommes et de femmes, les riches et les pauvres, les savants et les ignorants. Les gens étaient attirés à Lui, même si son message n'était pas flatteur à leur égard.

Si nous ne possédons pas le tact dont nous avons besoin, nous devrions considérer ce qu'il représente et examiner notre véritable intérêt, notre mobile, notre désir de venir en aide à celui ou celle que nous voulons discipliner ; naturellement, nous devrions aussi dépendre du Maître qui seul peut nous communiquer ce tact. « Ma grâce te suffit » disait-Il à Paul, pourtant considéré comme un géant spirituel. Ce n'est là qu'une des nombreuses promesses qu'Il nous a léguées pour nous fortifier et dont nous pouvons nous réclamer dans toutes ces situations.

Passons au deuxième outil. Nous avons besoin de « la sensibilité la plus vive ». Selon le dictionnaire WEBSTER, être sensible signifie être « soumis, ouvert, bien disposé, digne de confiance ». Il ajoute ces synonymes : « *incliné*, disposé, prédisposé, *éveillé*, *délicat*, conscient ». (WEBSTER, *New Dictionary of Synonyms*). Nous avons mis en italique certains de ces synonymes parce qu'ils semblent particulièrement appropriés à notre sujet. Il nous faut être « très sensibilisé » face aux besoins de l'enfant que nous désirons aider. Il est important d'être « ouverts » dans notre relation avec lui. Il est bien de nous « pencher » dans sa direction, prêts à l'écouter. Nous devons être aux aguets, être « éveillés » ou vigilants afin de saisir les occasions qui nous sont données de l'aider. Nous avons besoin d'être sensibles, « délicats » dans nos rapports avec lui. Nous ne devrions pas réagir de manière exagérée simplement pour impressionner le fautif. Nous ne devrions pas non plus permettre à la situation de paraître à ce point grave qu'elle pousse l'enfant au découragement ou au désespoir. Il nous faut faire preuve de bon sens et d'un bon sens adapté à la réalité de la situation. Comme pour le tact, c'est une qualité ou un outil qui peut être développé par n'importe quel éducateur consciencieux et soucieux d'autrui.

La troisième qualité ou troisième outil est décrit comme « une connaissance profonde de la nature humaine ». « Ah ! direz-vous, voilà une qualité qui exige des études supérieures ! Il me faudrait suivre certains cours comme 'La croissance et le dévelop-pement de l'enfant', 'La psychologie de l'adolescent', etc. Comment puis-je faire face aux problèmes des enfants et des jeunes si je ne dispose pas de ce genre de préparation ? »

Nous ne voudrions pas un seul instant minimiser l'impor-tance de ces cours. Les professeurs, les travailleurs sociaux, les conseillers pédagogiques et beaucoup d'autres personnes ont réellement profité des idées qui leur ont été communiquées par de tels cours. Mais plusieurs n'ont pas la capacité ou la possibilité de les suivre. Comment alors peuvent-ils réussir face à une tâche si exigeante ? La « connaissance de la nature humaine » ne s'obtient pas tant par les études formelles que par une étude pratique exigeant de l'attention, de la réflexion et de l'analyse. Nous pouvons par exemple l'acquérir en observant l'attitude de Jésus envers les gens. « Il savait ce qui était dans l'homme. » Nous pouvons aussi l'obtenir en observant les réactions de nos enfants dans certaines circonstances. Nous pouvons suivre le développe-ment de certains modèles de comportement et voir ce qui influence ces comportements typiques. Par exemple, une mauvaise alimentation peut être une cause de nervosité, tout comme une exposition trop longue à un certain type de programmes télévisés.

Il est également possible d'acquérir une meilleure idée du comportement des autres en nous instruisant à partir de nos propres expériences. Comment réagirions-nous dans les mêmes circonstances ? Qu'est-ce qui fait naître en nous le ressentiment ou la rébellion ? Quels encouragements nous ont été les plus profitables ?

Cela vaut la peine de suivre les enfants et les jeunes dans leurs activités quotidiennes, de s'intéresser à leurs jeux, leurs études, leur travail ou même à leurs moments de rêverie et de réflexion. Tandis que nous les regardons ainsi évoluer, toujours préoccupés de leur bien-être, nous pouvons compter sur les enseignements de l'Esprit, sur les conseils inspirés et sur l'assistance bienveillante d'amis chrétiens. Une compréhension meilleure et plus complète de la nature humaine ne nous viendra pas en un instant, nous le savons. Il faudra persévérer et approfondir le sujet toujours davantage.

Les deux derniers outils sont plus évidents peut-être que les trois précédents. Nous en avons entendu parler, nous les avons définis, nous en avons discuté, et nous avons expérimenté la « foi ». Nous savons que la foi grandit d'expérience en expérience. Nous possédons tous cet outil de base. Seulement nous n'avons pas tous appris à nous en servir adéquatement. La foi permet de nous saisir du don de la grâce divine, la clef de toutes nos espérances. « Car c'est par la grâce que vous êtes sauvés, par le moyen de la foi. Et cela ne vient pas de vous, c'est le don de Dieu. » (*Éphésiens 2.6*). Même petite, la foi peut transporter des montagnes car elle saisit la main du Puissant Créateur.

L'outil de la foi peut aussi prendre une autre signification. Il peut vouloir dire que nous devons éveiller cette mesure de foi présente dans l'enfant qui nous est confié. Il peut savoir positivement que Dieu Lui-même agit en sa faveur, cherchant par toutes sortes de moyens à lui révéler à quel point Il l'aime.

Nous avons découvert précédemment que l'enfant mérite notre confiance. En fait, nous avons même appris que c'était son droit. En se sentant aimé et soutenu, l'enfant répondra à cette confiance et éprouvera de la joie à se confier en nous ; il n'hésitera pas à mettre sa main dans la nôtre et à marcher avec nous et avec Dieu. La foi et la confiance sont très semblables. Nous ne risquons pas de nous tromper en concluant que l'un de ces deux outils, la foi, constitue certainement le meilleur instrument que nous puissions utiliser en faveur de ceux que nous nous efforçons d'aider.

« La patience » ou la persévérance constitue une qualité particulière des vainqueurs (*Apocalypse 14.12*). Nous vivons à une époque rapide et agitée. Nous ne voulons pas passer trop de temps avec un individu, encore moins sur un problème spécifique ! Dans un sens, nous préférons accomplir un grand nombre de petites tâches avec peu de soin que d'en faire quelques-unes qui demandent plus de discipline et d'exactitude. C'est malheureux et ce l'est encore plus lorsqu'il s'agit de tâches qui touchent directement des êtres humains. Nous devons nous armer de patience. Nous devons être prêts à travailler, à veiller et à attendre. C'est ainsi qu'il nous faut agir pour toute personne ayant besoin de notre aide.

Ne pensons pas que les instruments que nous venons d'énumérer, les outils nécessaires à cette lourde tâche de discipliner, sont hors de notre portée ! Non, le coffre est là, tout près de nous. Les outils sont disponibles pour chacun de nous. Alors la question à résoudre devient essentiellement celle-ci : que voulons-nous bâtir ?

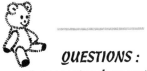

QUESTIONS :

- Qu'aimeriez-vous transporter dans votre boîte à outils personnelle ? Pourquoi ?
- Quel est, à votre avis, le meilleur instrument ? De l'avis de l'auteur ? Si vous êtes en désaccord, identifiez-en la raison.

LA RÈGLE D'OR, BÂTON DE LA DISCIPLINE

Nous avons précédemment fait allusion au texte étrange de Proverbes 13.24 où l'homme le plus sage de l'époque, le roi Salomon, déclarait : « Celui qui ménage sa verge hait son fils, mais celui qui l'aime le corrige au bon moment. »

Selon toutes apparences, le texte semble porter un jugement plutôt dur sur celui qui néglige la tâche de discipliner ses enfants. Une étude approfondie révèle en effet qu'une certaine dose d'égoïsme se cache chez celui qui refuse le défi. Il s'agit d'un égoïsme qui se préoccupe si peu d'autrui que le proverbe, cette parole de sagesse, va jusqu'à le définir comme de la « haine ».

Il existe une règle qui illustre bien l'amour que l'on peut trouver dans la discipline. « Faites aux autres ce que vous voudriez que l'on vous fasse » (*Luc 6.31*) ; ce devrait être la règle de tous ceux qui entreprennent l'éducation des enfants et des adolescents. Ne sont-ils pas les plus jeunes membres de la famille ? N'ont-ils pas hérité comme nous du don de la vie ? Cette règle mérite particulièrement d'être mise en pratique en ce qui concerne les plus jeunes, les moins doués et les plus étourdis, sans oublier les égarés et les rebelles.

En général, l'homme utilise cette règle d'or de manière plutôt désinvolte et insouciante. Certaines personnes, par contre, ne jurent que par cette règle. Elles en font le guide de leur vie ; le malheur cependant, c'est qu'elles marchent souvent selon leur propre interprétation de la règle : « Faites pour les autres ce que les autres font pour vous. » C'est là le problème ; la plupart des gens vivent selon cette dernière version de la règle qui, il faut l'admettre, contient plus de bronze que d'or. La règle ainsi mal citée et mal comprise donne une idée du genre d'application que l'on peut en faire en pratique. Un homme ne peut pas se permettre une interprétation aussi libérale de la règle d'or lorsqu'il en comprend vraiment les implications.

En fait, la règle d'or représente le caractère de Dieu à l'oeuvre. Elle révèle des actions motivées par l'amour du prochain. Pensez à la manière dont vous voudriez que les autres vous traitent et vous obtiendrez une réponse à la question : Comment dois-je traiter les autres ? Voulez-vous être aimé des autres ? Traitez-les avec amour. Voulez-vous être traité avec dureté ? Non ? Alors n'agissez pas envers eux avec dureté. Préférez-vous qu'on vous avertisse lorsqu'un danger vous menace ? Oui ? Alors prévenez aussi celui qui fait face à un piège, une menace, un danger ou un échec.

La règle d'or est une règle fort simple mais sa mise en pratique représente un défi que seule l'aide divine peut nous permettre de relever. Ce n'est pas une règle que l'on peut se vanter de posséder. Ce n'est pas *notre* règle. La nature humaine est tellement portée vers le mal que n'importe quelle règle que nous pourrions établir nous-mêmes serait diamétralement opposée à la règle divine.

Nous devons par conséquent nous rappeler que l'utilisation de cette règle pour faire face à un problème de discipline exige de notre part que nous reconnaissions son auteur comme Celui qui peut venir à bout du problème. Peut-être devrions-nous présenter la chose ainsi : *c'est uniquement en vivant selon la règle que nous pourrons appliquer la règle.* Ceci vaut pour toutes les règles.

L'une des erreurs que l'on rencontre souvent chez l'être humain, c'est l'habitude de donner des cadeaux à ceux qui n'en ont pas vraiment besoin et d'en priver ceux qui en auraient réellement besoin. « Supposons, en effet, qu'un homme vienne chez vous, portant un anneau d'or ainsi qu'un habit magnifique, et qu'il arrive en même temps un pauvre misérablement vêtu ; si vous dites, en vous tournant vers celui qui porte l'habit magnifique : 'Assieds-toi à la place d'honneur !' et si vous dites au pauvre : 'Tiens-toi là debout !' ou encore : 'Assieds-toi à mes pieds !' ne faites-vous pas en vous-même une distinction, et votre motif n'est-il pas mauvais ? » (*Jacques 2.2-4*)

En d'autres mots, il est bien plus facile de traiter les personnes gentilles avec gentillesse et de traiter celles qui sont moins agréables avec mesquinerie.

Nous aimerions bien nous débarrasser de cette attitude. Nous avons compris ce que signifie la règle d'or, mais nous avons au fond identifié ceux auxquels elle devrait s'appliquer. Or, c'est justement ce que la règle veut éviter. *La règle d'or devrait particulièrement s'appliquer aux plus jeunes, aux moins doués, aux plus étourdis et même aux égarés et aux rebelles.*

Imaginez la kyrielle de cas problèmes que cela représente ; il ne s'agit pas seulement des peu doués, mais des *moins doués*, pas seulement des jeunes, mais des *plus jeunes*, pas seulement de ceux qui font des erreurs de temps à autre, mais de ceux qui sont *les plus étourdis* et les *plus gaffeurs*, sans oublier les *égarés* et les *rebelles*.

Avez-vous déjà essayé de « combattre le feu par le feu » ? Croyez-vous que cela serait en accord avec la règle d'or ? Si tel était le cas, il nous faudrait aussi affronter l'erreur avec l'erreur et la rébellion avec la rébellion.

Il se peut que nous devions parfois adopter une position héroïque pour faire face à l'erreur et à la rébellion, mais elle devrait toujours être en accord avec la règle du Sauveur. Lorsque la rébellion a pris fin, le coupable devrait être capable de reconnaître que la façon de régler le problème était juste, qu'elle a produit de bons résultats et qu'elle n'était pas contraire à un mode de vie chrétien.

Nous devons aussi admettre à notre grande honte qu'il est facile de traiter les gens moins talentueux avec indifférence. « De toute façon, ils ne comprennent rien. » Nous avons tendance à balayer leurs problèmes par des réponses faciles ou évasives. Peut-être devrions-nous nous demander si nous avons inconsciemment découragé un enfant ayant des troubles d'apprentissage et jusqu'à quel point ?

Et ce petit enfant, a-t-il bénéficié de toute notre attention ? En général, la plupart des gens démontrent plus d'attention envers les tout-petits qu'envers les plus grands. Mais la tentation d'être arbitraire avec le plus petit est aussi plus grande. Certains voudront se justifier par cette expression communément employée qu'ils sont en train de « l'entraîner » et que l'enfant aura bien d'autres occasions de décider par lui-même.

Il nous faut ici faire une mise au point afin de clarifier l'utilisation du mot « entraîner » dans les techniques d'enseignement et de discipline. La plupart de nos collègues des sciences de l'éducation font une nette distinction entre « enseigner » à des êtres intelligents et « entraîner » des animaux. Cette dernière méthode s'apparente davantage à un processus de conditionnement au cours duquel les animaux apprennent à répondre à certains stimuli. Il existe parmi les différentes théories d'apprentissage un large éventail d'opinions sur la part du procédé éducatif qui consiste en simples réponses à des stimuli donnés et la part qui exige de la perspicacité et de l'intelligence.

La raison pour laquelle nous introduisons ici une distinction entre « l'entraînement » et « l'apprentissage intelligent », c'est qu'il ne faut pas confondre le sens habituel de cette expression avec celui que lui attribuent les spécialistes modernes. Ces derniers utilisent parfois le mot « entraînement » dans le sens précis et limité de « conditionnement ». Le contexte peut cependant révéler une application beaucoup plus large du terme. Il est parfois utilisé pour décrire un processus d'enseignement où la raison et la compréhension constituent d'importants facteurs.

Pourquoi alors nous préoccuper de faire une telle distinction ? Simplement pour prévenir une mauvaise application du terme et pour empêcher qu'on en tire des conclusions erronées, ce qui pourrait nous pousser à adopter une attitude autoritaire injustifiée.

Cette mise au point était nécessaire afin de nous permettre de bien appliquer la règle d'or. Peu importe l'âge, toute personne apte à comprendre aimera toujours qu'on lui fasse voir la logique et la raison de la correction qui lui est donnée. En tant qu'adulte donc, je devrais, en regardant le jeune enfant, le moins doué comme l'étourdi, toujours me rappeler de ceci. « Faites aux autres ce que vous voudriez que l'on vous fasse. » Quelle belle façon de traiter les autres et quelle belle façon d'être traité !

 *QUESTIONS :*

- À qui appartient la règle d'or ?
- Pourquoi cette règle ne fonctionne-t-elle pas toujours comme il se doit ? Quelle condition se pose à son application ?
- Pourquoi dit-on qu'elle est le bâton de la discipline ?
- Quelle différence y a-t-il entre « entraîner » et « enseigner » ?

L'ERREUR
DE COLPORTER
LES ERREURS

L'un des plus grands torts de notre époque moderne semble être ce malin plaisir que prend le public à découvrir les fautes secrètes de ses personnages politiques et de ses vedettes. Les erreurs personnelles ne peuvent plus rester cachées et relèvent dorénavant du domaine public ! De grandes sommes d'argent sont dépensées en livres, journaux et revues de toutes sortes décrivant la vie privée et les habitudes des stars de cinéma, des athlètes, des politiciens et autres personnages célèbres. Combien de gens se délectent des détails à sensation de ces vies pour la plupart gâchées ? On se souviendra de la triste histoire de la mort de LADY DIANA, poursuivie par les *paparazzi*, ces chasseurs d'images et d'anecdotes succulentes, tout cela pour apaiser la soif des lecteurs avides de journaux et revues à potins.

Ce genre de lecture ne devrait pas trouver place dans les foyers de ceux qui se soucient de l'éducation de leurs enfants. Ce n'est malheureusement pas souvent le cas. Personne ne devrait se préoccuper de connaître la nature des problèmes d'autrui à moins que son motif ne soit de lui venir en aide.

Car en agissant ainsi, nous avons causé beaucoup de tort, non seulement à des adultes, mais aussi à des enfants et à des adolescents pris en défaut. Se pourrait-il que nos mesures disciplinaires donnent trop de publicité à ce genre de nouvelles ?

Certains présenteront l'objection qu'il est incorrect de vouloir cacher la vérité et de couvrir les fautes. C'est exact, mais les fautes commises dans un coin de pays doivent-elles être automatiquement dévoilées au monde entier ? Nous croyons qu'il n'est pas très utile de colporter des nouvelles aussi déprimantes et qu'il est nettement préférable de leur substituer de bonnes nouvelles et, en particulier, la bonne nouvelle du salut.

Nous devons faire preuve d'une grande délicatesse en matière de discipline – une délicatesse qui s'assure que l'action disciplinaire sera menée honnêtement et selon les règles. Que ce soit au foyer ou à l'école, nous devrions, dans notre recherche de solutions, établir certains lignes directrices touchant la nature publique ou privée d'un méfait. Nous suggérerons ici quelques règles simples afin de guider les parents et les professeurs dans cet aspect de la discipline. Ce sont :

1. *Individualiser* la mesure disciplinaire.
2. *Humaniser* la mesure disciplinaire.
3. *Limiter la diffusion* de la mesure disciplinaire.

Nous prenons trop souvent des décisions sur la nature de la discipline ou de la punition en comparant le cas avec celui d'autres enfants pris en défaut et punis pour la même offense. « Qu'avons-nous fait dans tel ou tel cas ? » En apprenant que l'autre jeune a été suspendu pour trois jours, nous collons la même punition à l'offenseur dans un effort de consistance. Nous croyons que cette façon de faire est mauvaise parce qu'elle ne prend pas en considération les particularités individuelles. Le passé des offenseurs peut différer, les circonstances dans lesquelles l'offense a été commise peuvent varier et la compréhension d'un enfant peut ne pas être aussi avancée que celle d'un autre. Il existe une foule de raisons pour lesquelles nous devons *individualiser la discipline*.

Humaniser la discipline, c'est posséder et démontrer une préoccupation aimante pour celui qui est discipliné. Celui qui a du coeur ne peut s'empêcher d'être touché lorsqu'il doit discipliner une autre personne parce qu'il se préoccupe d'elle et de son sort.

Limiter sa diffusion. Limitez autant que possible le problème à un cercle restreint. Les professeurs font quelquefois l'erreur d'impliquer trop de personnes et trop vite. De légères infractions aux règlements de la classe peuvent se résoudre en privé. Un simple regard, quelques mots dits avec calme après la classe ou encore une question ou deux peuvent suffire. C'est seulement lorsqu'un problème ne peut être résolu entre l'étudiant et le professeur qu'il devrait être porté à l'attention d'une tierce personne.

Chaque fois qu'un professeur se hâte d'impliquer le principal, les parents et les témoins (parmi lesquels quelques collègues), il donne au problème des proportions démesurées et inquiétantes. La question que nous devrions alors nous poser est celle-ci : Était-il bien nécessaire que toutes ces personnes soient impliquées afin de résoudre le problème ?

Lorsque nous parlons de « limiter » un problème, nous ne recommandons pas de cacher le problème aux parents. Il serait injuste de les tenir dans l'ignorance lorsque le cas devient sérieux. D'un autre côté, il n'est pas nécessaire que les petites erreurs de leurs enfants soient constamment « télégraphiées » à la maison.

Nous avons fait preuve d'une trop grande liberté à publier le mal alors que les problèmes étaient en réalité mineurs. Le fait de révéler ainsi ouvertement les méfaits des enfants et des jeunes a souvent conduit à leur renvoi de l'école.

Les réseaux d'écoles publiques ont, à ma connaissance, une manière plus sage d'aborder les problèmes sérieux. Les commissions scolaires confient normalement ces cas à un comité de discipline. Seuls les parents ont droit de présence, d'audition et d'appel. Le nom du jeune n'est jamais révélé en public et la question est tenue secrète autant que possible.

Les réseaux d'écoles privées, dans lesquels les membres constituants ont des intérêts très personnels, feraient bien d'imiter les procédures utilisées par les commissions scolaires publiques dans leur manière de faire face aux questions de discipline. Lorsque la confidentialité n'est pas respectée, l'effet produit sur le jeune et sur ses parents peut être stupéfiant. On verra surgir des sentiments aussi négatifs que le découragement, la gêne, la honte, le mépris, la haine ou même la rébellion.

Nous pourrions dire encore beaucoup de choses sur l'administration et le personnel en ce qui a trait à la discipline. Bien des erreurs ont été commises à ces niveaux et nous n'en avons pas été exempts non plus. La conclusion que nous souhaitons tirer ici, c'est qu'il s'avère toujours préférable de garder la confidentialité sur les erreurs commises et de leur donner le moins de publicité possible. Si nous ne sommes pas conscients de cet impératif, nous commettons une grave erreur.

La règle d'or que tous connaissent et qui consiste à aimer son prochain comme soi-même amènera l'éducateur à éviter autant que possible de rendre publiques les fautes ou les erreurs de ses élèves. Il évitera à tout prix d'adresser une réprimande ou d'infliger une punition en présence des autres. Le maître n'expulsera pas un élève avant d'avoir fait l'impossible pour lui permettre de se corriger. Cependant, s'il est évident que l'élève n'en tire aucun profit, que son mépris de l'autorité le pousse à renverser l'ordre établi ou que sa mauvaise influence prend tournure de contagion, son expulsion devient alors une nécessité. Pour plusieurs malheureusement, la disgrâce de leur renvoi les conduira à un décrochage total et à l'échec. Dans la plupart des cas où l'expulsion devient inévitable, il n'est pas obligatoire de la rendre publique. Que le professeur, de concert avec les parents, organise le retrait de l'étudiant de manière discrète.

Le même principe de discrétion et de confinement du problème s'applique aussi à la confession. Trop souvent, les méfaits sont révélés par le biais de confessions publiques. Il serait préférable que de telles confessions n'aient jamais lieu. Une confession véritable est, par ailleurs, toujours précise et avoue des fautes déterminées. Or, certaines fautes sont telles qu'elles ne peuvent être confessées qu'à Dieu seulement ; d'autres fautes doivent d'abord être avouées aux personnes qui en ont été les victimes ; il existe enfin des fautes de nature publique qui exigent un aveu public. Toute confession doit cependant être explicite, directe, et identifier les torts mêmes dont l'offenseur s'est rendu coupable.

La tâche d'exercer la discipline envers ceux qui ont été fautifs n'est pas une tâche agréable. Elle nous cause souvent beaucoup d'angoisse et pour bien des raisons. L'une d'elles est notre désir de voir l'individu répondre positivement à la correction et devenir une meilleure personne. Si la discipline doit être de nature publique, nous devons plaider avec encore plus de ferveur en faveur de l'individu en cause. Si nous aimons cette tâche de discipliner et si nous aimons raconter à d'autres comment nous avons réussi à régler tel ou tel problème, nous ferions mieux d'examiner de plus près nos motivations afin de découvrir ce qui nous pousse à nous réjouir ainsi des blessures infligées à l'une des brebis du bon Berger !

QUESTIONS :

- Quels sont les trois aspects qui devraient caractériser toute mesure disciplinaire ?
- Que doit faire tout maître avant d'expulser un élève et tout parent avant de renvoyer son adolescent de la maison ?
- Pourquoi devons-nous limiter la publicité qui entoure une mesure disciplinaire ?
- L'application d'une mesure disciplinaire peut vous causer de l'angoisse ou vous réjouir. Pourquoi ?

15

LA MISÉRICORDE

Combien de fois vous êtes-vous trouvés embarrassés par la question : « Quel genre de discipline préconisez-vous ? » Par exemple, vous êtes-vous déjà senti gêné d'avoir fait preuve de miséricorde ? Ce mot vous met-il mal à l'aise ? Les mots « faiblesse » et « miséricorde » sont-ils synonymes à vos yeux ?

Vous avez peut-être remarqué que nous ne sommes jamais mal à l'aise lorsqu'on parle de nous en termes de courage, de force de caractère, de franchise, d'honnêteté ou de décision. Mais nous ne sommes pas toujours aussi bien dans notre peau lorsqu'on nous décrit comme gentils, bons, profondément humains ou miséricordieux.

Même si nous aimons faire preuve de miséricorde, il arrive parfois que nous nous sentions gênés de le faire. Nous avons peur de paraître moralement faibles ou encore d'être accusés de ne pas vouloir appliquer les « règles », de chercher à passer l'éponge et d'opter trop rapidement pour la miséricorde. Cela est spécialement embarrassant pour l'éducateur ou l'administrateur qui risque d'être reconnu comme « un professeur que les enfants peuvent facilement berner et convaincre de ne pas sévir ». Bref, la miséricorde fait paraître un individu comme crédule ou même stupide ! En conséquence, nous aimons mieux nous tromper en optant pour une justice ferme qu'en fermant les yeux. Et pourtant, comme nous aurions besoin d'être éclairés par ce conseil judicieux :

Tout bon parent ou professeur aura le sentiment qu'il est préférable de se tromper par excès de miséricorde que par excès de sévérité.

Nous ne désirons pas commettre de telles erreurs de jugement dans un sens ou dans l'autre, mais si cela doit arriver, mieux vaut que la balance penche du côté de la miséricorde. Il est préférable d'être blâmé pour une erreur de jugement et d'en subir les désagréments que d'user d'une trop grande sévérité et de laisser des séquelles indélébiles. Il n'est pas difficile de montrer les raisons qui nous poussent à une telle conclusion :

1. Plusieurs enfants et adolescents ne sont pas aussi « incorrigibles » qu'ils le paraissent. Ils peuvent être facilement touchés par une attitude empreinte de bonté.

2. Le véritable amour supporte les fautifs, même dans leur perversité. Il ne se refroidit pas et ses efforts pour les en arracher ne cessent jamais.

3. Les enfants et les adolescents particulièrement diffici-les, ceux qui sont rudes, renfrognés ou entêtés sont d'une manière toute spéciale l'objet de l'amour inconditionnel du Maître. Car ce sont ceux qui ont le plus grand besoin de sa sympathie et de son amour.

Si donc le Seigneur juge valable de supporter avec patience ces jeunes apparemment incorrigibles, quelle devrait être notre attitude ? Le troisième point revêt une signification spéciale. La Parole de Dieu nous assure qu'Il prend soin de chacun de nous individuellement (nous sommes plus précieux à ses yeux que des passereaux) et elle nous apprend qu'Il déploie un effort particulier en faveur de ceux qui en ont le plus besoin.

Le Seigneur ne voit pas seulement l'acte ou l'attitude de celui qui a mal agi. Il raisonne de cause à effet. À nous de suivre son exemple. Si nous constatons qu'un enfant de notre classe agit mal et que nous portons un jugement sur la seule base de son comportement, nous n'aurons pas été justes à son égard. Il est possible que nous n'ayons pas vu pas le fond du problème et que nous ayons pu nous tromper.

Le parent peut être à même de comprendre plus rapidement les problèmes de son enfant, mais il peut aussi être moins objectif que le professeur face au problème. D'un autre côté, certains professeurs ne sont pas familiers avec le tempérament particulier de chaque élève ; car il y a diversité de tempéraments. Ils prennent alors une position défensive face à l'enfant problème. Ces adultes supposent souvent que les réactions rebelles de l'enfant sont dirigées contre eux. Lorsqu'ils ont tiré cette conclusion, il devient alors difficile d'aborder les problèmes avec justice et miséricorde à la fois. Si nous sommes portés à nous offenser personnellement de la désobéissance des jeunes qui nous sont confiés, notre justice ne sera pas vraiment impartiale parce qu'elle manquera de miséricorde.

La miséricorde et la justice ne sont pas des forces opposées. Elles se marient naturellement l'une à l'autre. « La miséricorde et la vérité se rencontrent, la justice et la paix s'embrassent. » (*Psaumes 85.11*). N'est-ce pas ce que la croix nous a démontré ?

D'autre part, nous pouvons avoir la tentation, en raison de notre nature humaine, de rappeler à l'offenseur que nous avons fait preuve de miséricorde à son égard. Nous pouvons même avoir menacé de la lui retirer. Après lui avoir rappelé à quel point nous l'avons bien traité, nous lui aurons souligné le peu de reconnaissance dont il a fait preuve à notre égard.

Il est inquiétant de constater que certains d'entre nous sont passés « maîtres » dans l'art de joindre les menaces à la miséricorde. « Bien, je laisserai passer pour cette fois mais si cela se reproduit, ne venez plus vous plaindre ! » Nous aurons fait sentir à l'enfant combien il a été difficile pour nous de faire preuve de miséricorde. Puis, lorsque l'enfant répétera la même erreur et que nous n'aurons pas mis nos menaces à exécution, nous l'interpréterons tous deux comme une faiblesse et non comme un simple acte de bonté.

Non, la miséricorde ne nous est pas donnée pour que nous l'économisions jalousement à la manière d'un avare. La vraie miséricorde renferme un élément de générosité.

Dans *Le Marchand de Venise*, le célèbre poète anglais WILLIAM SHAKESPEARE nous a légué, dans son éloquence habituelle, une merveilleuse description de la miséricorde :

« La miséricorde trouve sa qualité
en ce qu'elle n'est pas forcée ;
Elle coule du ciel comme une douce rosée
Sur l'endroit qu'elle survole. Elle bénit deux fois,
Elle bénit celui qui la donne et elle bénit celui qui la reçoit. »

Les femmes, que l'on décrit souvent comme le sexe faible, sont davantage portées à faire preuve de gentillesse et de miséricorde. Les hommes, au contraire, supposent habituellement qu'il est plus viril d'adopter une figure bourrue. Cela leur permet de démontrer qui est le patron ; or un patron, pensent-ils à tort, n'a pas intérêt à faire preuve d'une trop grande gentillesse.

Voici une autre parole de sagesse qui nous rappelle combien nous devrions apprécier la miséricorde :

« On t'a fait connaître, ô homme, ce qui est bien ;
Et ce que le Seigneur demande de toi,
C'est que tu pratiques la justice,
Que tu aimes la miséricorde,
Et que tu marches humblement avec ton Dieu. »
Michée 6.8

L'exemple de Jésus constituait une menace pour les pharisiens et pourrait presque nous effrayer si nous étions trop préoccupés par les normes et les règles. Mais lorsque nous savons que Jésus nous traite beaucoup mieux que nous ne le méritons, n'est-il pas plus facile d'agir de même avec nos semblables ? En guise de conclusion, disons qu'il est bien de traiter les autres mieux qu'ils ne le méritent ! Ce principe ne devrait pas nous rendre mal à l'aise.

Il peut être utile dans les situations difficiles de nous poser la question qui nous revenait si souvent à l'esprit lorsque nous étions jeunes : « Qu'aurait fait Jésus dans les mêmes circonstances ? » Elle s'avère encore un excellent critère lorsque nous cherchons à être justes envers nos enfants et nos élèves.

Si nous pouvons comprendre comment Il aurait réagi, nous n'aurons pas de remords ni de gêne d'avoir suivi la « voie de la miséricorde ». Nous pourrons alors affirmer avec assurance : « Je n'ai pas honte de faire preuve de miséricorde, car c'est dans la miséricorde que se révèlent la vraie force et la grandeur de l'amour. »

 QUESTIONS :

- Pourquoi vaut-il mieux se tromper en usant de miséricorde qu'en faisant preuve d'une trop grande sévérité ?
- Qu'est-ce qui éveille en vous une réponse d'amour, la justice ou la miséricorde ?
- La justice et la miséricorde sont-elles opposées entre elles ? Expliquez votre réponse.

DU CHAMP
DE PARADE AU
CHAMP DE BATAILLE

Les jeunes gens d'aujourd'hui peuvent se comparer sans crainte à ceux de n'importe quelle autre époque en ce qui concerne leurs capacités intellectuelles. Il existe même des preuves qu'ils dépassent leurs ancêtres au niveau de l'organisation sociale et des techniques d'apprentissage. Pourquoi ? Probablement parce qu'ils se trouvent exposés à de plus grandes possibilités en termes d'apprentissage que toute autre génération précédente.

Disposant ainsi de toutes sortes de média électroniques sophistiqués et soumis à de multiples points de vue en matière d'éducation, de politique et de morale, les jeunes gens ont la lourde tâche de passer au crible toutes ces idées pour parvenir à décortiquer le vrai du faux. Ils sont probablement moins crédules que leurs parents qui acceptaient souvent d'emblée tout ce qu'on leur présentait. Ils oseront même remettre en question le bien-fondé des décisions de leur propre pays dans certains domaines comme l'environnement ou la politique extérieure. Ils préconiseront, par exemple, une vision plus globale, plus planétaire. Les jeunes d'aujourd'hui sont aussi plus critiques face au comportement de leur famille, de leur Église ou de leurs gouvernements que ne l'étaient ceux d'autrefois.

Ayant bénéficié d'occasions d'apprentissage plus nombreuses et ayant été exposés à des idées, des expériences ou des loisirs plus variés et plus enrichissants que ceux de leurs parents, les adolescents modernes démontrent parfois peu de tolérance envers leurs parents moins « évolués ». Ils s'impatientent vite lorsque ces derniers font allusion à « la façon dont nous faisions les choses dans notre temps ». La génération actuelle ne tolère pas beaucoup qu'on lui serve les choses au passé.

Si nous devions porter un jugement sur notre génération de jeunes gens – il faut cependant admettre qu'il existe des exceptions –, nous pourrions dire que la jeunesse d'aujourd'hui est extrêmement talentueuse et possède le potentiel nécessaire pour réaliser de grandes choses. Nous pourrions même affirmer que ses possibilités sont illimitées, spécialement si elle décide de consacrer ses talents et ses dons au service du bien et de l'humanité. Nous osons espérer que plusieurs jeunes le feront et que notre influence servira à les encourager dans cette voie. Ceci me rappelle cette phrase évocatrice d'un auteur chrétien conscient de ce potentiel immense et désireux de les aider à en prendre conscience personnellement :

Notre jeunesse convenablement entraînée pourrait fournir une armée d'ouvriers capables de porter au monde entier avec une rapidité inouïe le message d'un Sauveur crucifié, ressuscité et qui revient bientôt ! La fin ne tarderait plus ; ce serait le terme des souffrances, des douleurs et du mal !

Procéder à une critique en règle de nos jeunes gens et les classer comme « des enfants gâtés » dénote un manque de sagesse. Ce peut être un indice que nous vieillissons. Nous devrions, à mesure que nous prenons de l'âge, concentrer nos efforts pour voir en eux la relève et leur témoigner notre confiance. Chaque fois que nous disons : « Les jeunes gens ne sont plus comme dans mon temps », nous portons un jugement injuste et inexact.

Il est important de faire confiance à nos jeunes et de croire qu'ils sont capables d'accepter les conseils constructifs tout en étant prêts à se voir tels qu'ils sont. Nous pouvons aussi leur montrer comment faire l'inventaire de leurs forces et de leurs faiblesses. L'analyse de soi, notre inventaire en quelque sorte, est une question très personnelle mais dont certains aspects exigent un examen attentif.

En général, les jeunes montrent des signes de faiblesse dans deux domaines particuliers :

1. Le premier consiste en une *impatience généralisée vis-à-vis de tout ce qui concerne le passé et, en conséquence, une préoccupation démesurée pour le présent.* Ce souci du présent peut les amener à ignorer les défis et les responsabilités du futur.

La « génération actuelle » s'impatiente facilement face aux parents et aux professeurs qui font référence aux époques passées. Ces adolescents ont bien souvent raison, surtout lorsque les adultes cherchent à comparer leur tâche de jadis avec celle plus aisée des jeunes d'aujourd'hui. Car le jeune n'a aucun moyen de défense devant de tels arguments et il se sent démuni puisqu'il n'était tout simplement « pas là ».

Il nous faut être très honnêtes avec eux lorsque nous faisons référence au passé si nous désirons gagner leur confiance et si nous espérons qu'ils tirent leçon de l'histoire et de l'expérience des autres.

Nous pouvons en premier lieu aider les jeunes gens à considérer leurs propres expériences passées et celles de leurs camarades. Pour y arriver, nous devons d'abord gagner leur confiance, ce qui ne peut se faire qu'en démontrant une stricte honnêteté, de l'exactitude dans nos propos et un souci sincère de les voir réussir. Si nous jouons les martyrs, si nous donnons au passé une couleur exagérée dans le but de faire pencher la balance de notre côté, cela indiquera que nous nous préoccupons plus d'avoir raison ou de sauver la face que de les voir réussir.

2. Leur seconde faiblesse, presque épidémique celle-là, consiste dans leur *incapacité d'endurer les difficultés* et dans leur promptitude à pousser les hauts cris devant l'injustice généralisée dont ils sont l'objet de la part de leurs parents et de la société.

Jamais une génération de jeunes gens n'aura tant réussi à convaincre les parents et la société en général de l'injustice dont ils sont victimes. Bien plus, lorsque des adultes occupant des postes de direction souhaitent rectifier les choses, ils font souvent appel à des jeunes gens parce que, disent-ils, les jeunes sont reconnus pour leur franchise. En agissant ainsi, ils laissent ainsi supposer que les jeunes ont toujours raison, même dans leurs doléances. Les plaintes de ces jeunes sont alors considérées comme justifiées.

D'un autre côté, chaque fois qu'un adulte a l'audace de suggérer que les jeunes gens n'ont jamais bénéficié d'un meilleur contexte, qu'ils n'ont jamais été traités avec autant de considération et qu'ils n'ont jamais été aussi écoutés, il risque d'être classé comme un extra-terrestre fraîchement débarqué sur cette planète.

Qu'en pensez-vous ? Nos observations vous semblent-elles justes ou laissent-elles filtrer une légère odeur d'antagonisme à leur égard ? Ce n'est certes pas notre intention, mais nous présentons ces réflexions dans le but d'expliquer le climat social dans lequel nous traitons généralement des questions relatives à notre jeunesse.

Pour contrer cette seconde faiblesse, nous avons besoin ici d'un autre conseil de sagesse ; il peut paraître un peu fort, mais il contient une vérité positive à laquelle on ne peut échapper.

Il faut enseigner aux jeunes que ce monde n'est pas un champ de parade, mais un champ de bataille. Tous sont appelés à affronter les difficultés comme de bons soldats. Ils doivent être forts et se conduire comme des gens matures. Qu'ils sachent que la véritable épreuve du caractère se trouve dans l'acceptation des responsabilités, des circonstances difficiles et du travail à réaliser, même si cela n'apporte aucune reconnaissance ni récompense ici-bas.

Nous ne devrions pas adopter de position extrême pour ou contre la jeunesse. Nous ne devrions pas non plus supposer que leurs observations ou leurs plaintes sont toujours correctes en soi et qu'ils sont toujours victimes d'une injustice. Nous ne devrions pas non plus supposer l'inverse – croire qu'il faut les accabler de difficultés et d'épreuves pour « en faire de vrais hommes et de vraies femmes » (comme les surcharger de travaux scolaires). Nous devons plutôt leur enseigner que les épreuves et les difficultés sont inévitables. Notre rôle est de les aider à acquérir la préparation nécessaire pour affronter ces diverses épreuves avec succès.

Nous devons cependant éviter de surprotéger nos enfants et nos adolescents, quel que soit leur âge. C'est seulement lorsqu'un enfant affronte les épreuves de son âge avec succès qu'il peut ensuite faire face aux problèmes du groupe d'âge suivant.

Le parent ou le professeur qui aime les enfants ne mettra pas volontairement des épreuves sur leur route, mais il n'essaiera pas non plus d'enlever tous les obstacles qui pourraient surgir. C'est un amour mal dirigé que de tenter d'extraire de leur vie toutes les difficultés. Jérémie nous rappelle les dangers qui assaillent ceux qui sont incapables de faire face aux problèmes de la vie courante :

> « Si tu cours avec des piétons et qu'ils te fatiguent, comment pourras-tu lutter avec des chevaux ? Et si tu ne te crois en sûreté que dans une contrée paisible, que feras-tu sur les rives orgueilleuses du Jourdain ? » (*Jérémie 12.5*)

Nous pourrions transposer la seconde question d'une manière plus moderne : « Si tu tombes en terrain plat ou sur du gazon bien tondu, comment pourras-tu marcher dans la jungle ? »

Il nous faut maintenant nous poser cette question : *Comment pouvons-nous aider les jeunes à faire face aux épreuves de la vie courante en préparation des épreuves plus difficiles qui ne manqueront pas de survenir en cette époque troublée ?*

Le conseil présenté plus haut n'est peut-être pas celui que nous aurions aimé recevoir mais il contient des principes de première importance sur lesquels nous devrions méditer. Si nous comprenons ces principes, nous découvrirons vraisemblablement comment les appliquer dans les moments cruciaux. Notez cinq points essentiels à retenir :

1. Enseignons aux jeunes que « ce monde n'est pas un champ de parade mais un champ de bataille ». S'ils s'attendent à des difficultés, ils ne seront pas surpris quand elles surviendront.

2. Ensuite nous pouvons faire un bien durable aux enfants et aux jeunes en leur apprenant à affronter courageusement les difficultés

et à porter les fardeaux. Nous savons que des épreuves surviendront ; il s'agit de les affronter avec courage.

3. Nous pouvons exprimer de la sympathie (donc de la compréhension) à leur égard mais ne les encourageons jamais à s'apitoyer sur leur sort. La véritable sympathie peut apporter un encouragement mais s'apitoyer sur son sort ne peut que mener au découragement et à la défaite.

4. Nous pouvons leur rappeler que le caractère se développe dans les épreuves. *La volonté d'accepter les responsabilités constitue le véritable test du caractère.* Les encouragements de nature spirituelle ne sont pas à dédaigner. Remarquez les incitations : affronter les difficultés, être forts, se conduire comme des hommes.

5. Le dernier principe nous offre plusieurs possibilités. *La seule attitude correcte à l'égard des épreuves ne consiste pas à chercher à les éviter mais à les transformer. Ceci s'applique à toute discipline, quel que soit le niveau d'âge.* Comment peut-on transformer une épreuve ? La nature de l'épreuve, associée à la capacité d'un individu de recevoir les conseils, fournira la vision requise pour effectuer cette transformation.

Après avoir analysé ces quelques conseils salutaires pour aider les jeunes dans leurs épreuves, nous devons réaliser que nous sommes tous, au fond, issus d'un même moule. Nous ne pouvons pas diviser les gens en générations et les considérer comme différents, nous parlons de tempérament bien sûr. Ce serait une erreur de croire que le Maître favoriserait davantage un groupe par rapport à un autre. Le fossé des générations n'existe pas à ses yeux car Il est éternel et domine le temps. Il nous connaît tous, Il nous aime tous, tels que nous sommes. Nous avons tous besoin d'aide à cause de notre nature moralement faible et portée au mal. La différence, c'est que certains d'entre nous sont simplement venus au monde un peu plus tôt et d'autres un peu plus tard.

La grande leçon à retenir de tout ceci, c'est que nous ne devons jamais désespérer. Voici une promesse qui nous y aidera :

« SAVOIR ACCEPTER...
LES RESPONSABILITÉS »

DR RRIiiiNG

« Aucune épreuve ne vous est survenue qui n'ait été humaine, et Dieu, qui est fidèle, ne permettra pas que vous soyez éprouvés au-delà de vos forces ; mais avec l'épreuve, il préparera aussi le moyen d'en sortir, afin que vous puissiez la supporter. » (*1 Corinthiens 10.13*)

 **QUESTIONS :**

- La génération présente est-elle avantagée ou désavantagée par rapport aux générations qui l'ont précédée ?
- Comment peut-on définir l'écart des générations ? Un fossé ou un abîme ?
- Peut-on combler cet écart ? Si oui, comment ?
- Quel est notre rôle en tant qu'éducateurs pour préparer les jeunes pour l'avenir ?
- Quelles sont les deux faiblesses particulières de notre jeune génération ?
- Est-il correct d'éviter de parler du passé avec les jeunes ?

DE LA DOULEUR À LA JOIE

Certains d'entre nous avons pu observer combien vives étaient les douleurs d'une mère sur le point de donner naissance à un enfant. Nous avons aussi constaté avec quelle rapidité la douleur pouvait faire place à la joie à la vue de son nouveau-né, une joie se transformant par la suite en un amour profond et durable à mesure que l'enfant grandit. La vie nous enseigne ainsi que les expériences joyeuses sont souvent précédées par la douleur.

La joie de l'athlète qui voit ses efforts couronnés de succès a souvent été précédée de pratiques agonisantes réparties sur de nombreuses années. Des poumons et des muscles douloureux forment le lot quotidien de l'athlète de haut calibre ; il doit aussi vivre avec la possibilité angoissante d'une contre-performance ou d'un échec et l'idée qu'il sera éventuellement surpassé par un athlète plus jeune et plus doué, même s'il devait maintenant monter sur le podium. Dans *1 Corinthiens 9.24-27*, Paul nous parle de l'étrange mixture d'agonie et d'extase chez ces athlètes qui luttent inlassablement et s'imposent une stricte tempérance dans toutes leurs habitudes, dans le seul but d'obtenir une couronne de laurier, jadis l'équivalent d'une médaille d'or ; malheureusement un seul remportera le prix.

Pour plusieurs jeunes, s'instruire constitue aussi une lutte douloureuse. Les surdoués apprécient la course mais ils sont rares ; les autres, ceux qui luttent avec ardeur pour réussir, passent de leur côté par des moments assez pénibles. Heureusement, la joie qui s'ensuit compense habituellement pour les luttes et la souffrance.

Nous serions plutôt candides de vouloir inculquer aux jeunes gens l'idée que la discipline ne comporte aucune douleur. En fait, l'une des grandes erreurs en matière d'éducation vient de ces philosophies qui enlèvent toutes les barrières, les règles et les exigences qui, prétendent-elles, « restreignent » la liberté de l'enfant. Ces philosophies, devenues célèbres à cause d'institutions comme SUMMERHILL en Grande-Bretagne et d'autres écoles dites « libres » ou « ouvertes », cherchent à créer un environnement dans lequel l'enfant pourra se mouvoir en toute liberté et selon son bon plaisir. Elles ne lui imposent aucun programme structuré et évitent de l'ennuyer avec des règlements d'adultes ; car, croient-elles, « qui peut mieux que l'enfant évaluer ses propres besoins ? » Pour ces éducateurs, le mot « punition » véhicule une notion très négative. Enfin, toujours selon leur théorie, l'enfant libéré, l'enfant qui n'est ni encadré ni gêné dans son apprentissage disposerait de meilleures occasions d'exprimer sa créativité et de se « découvrir lui-même ».

Nous comprenons, dans notre approche éducative, le besoin d'un individu de développer sa créativité. Nous croyons aussi que chaque être pensant a droit à sa dignité personnelle et à son indépendance. Nous ne voudrions surtout pas forcer les enfants et les jeunes gens à suivre un modèle qui ne leur conviendrait pas et qui empêcherait l'expression ou l'éclosion de leurs grands talents. Loin de nous donc l'idée de les dépouiller de leur identité ou d'entraver le développement de leur personnalité.

Nous sommes cependant conscients qu'il ne peut exister de vraie couronne de joie à moins qu'elle ne soit précédée d'une croix. La croix et la couronne sont toujours associées dans la vie. Que voulons-nous dire ? S'agit-il là d'un dicton arbitraire ? Pas du tout.

Nous ne faisons que constater qu'il y a dans la nature de l'homme et dans son environnement des éléments hostiles au développement d'un bon caractère mature et équilibré, des éléments contraires à une véritable atmosphère d'amour. La joie, la vraie joie, le véritable bonheur demande plus qu'une simple amélioration de notre nature humaine ou un ajustement à un environnement mauvais. Le succès dans ce domaine vient non de l'amélioration de notre nature mais de sa *transformation*. C'est ce que Paul voulait nous enseigner lorsqu'il disait :

> « Ne vous conformez pas au monde actuel, mais soyez transformés par le renouvellement de l'intelligence, afin que vous discerniez quelle est la volonté de Dieu, ce qui est bon, acceptable et parfait. » (*Romains 12.1-2*)

La plupart des philosophies modernes nous encouragent à développer et à cultiver nos *tendances naturelles* alors que nous devons, au contraire, apprendre à nos jeunes à dominer ces tendances. Elles nous disent : « Abattez les règles et les barrières et permettez à l'enfant de développer ses tendances naturelles et ses talents. » Nous connaissons trop bien le résultat dégradant d'une telle voie. Pour notre part, nous savons que l'environnement présent n'est que temporaire et passera bientôt. Si nous ne fournissons à nos jeunes qu'une préparation pour cette vie éphémère, nous les préparons au néant, à la destruction, rien de moins. Nous devons voir plus loin, viser plus haut.

La douleur semble moins prononcée dans ces autres philosophies parce qu'elles ne comportent pas de lutte contre la nature humaine ou contre son environnement. Nos efforts sont beaucoup plus ardus parce nous sommes conscients de mener un vrai combat, une guerre à la fois intérieure et extérieure, la plus grande qui existe. Pour cette raison nous ne semblons pas aussi bien réussir dans nos efforts que ceux qui ne font qu'amener leurs enfants à s'adapter à leur environnement. Car, rappelons-le, nous cherchons à transformer des caractères et à triompher des mauvaises tendances et des mauvaises influences, tout ceci en préparation d'un monde meilleur.

Mais nous ne devons pas abandonner « le bon combat de la foi » (*1 Timothée 8.12*) parce que la douleur sera certainement suivie par la joie. Certes, la discipline est pénible pour la nature charnelle, car elle va à l'encontre des penchants et des désirs naturels, mais la douleur s'oublie vite devant une joie plus grande.

Comment pouvons-nous rendre la douleur plus endurable ? En œuvrant fidèlement à l'éducation de nos enfants dès leurs premières années. Si nous attendons ou si nous remettons à plus tard la tâche de discipliner, elle deviendra plus pénible et la douleur sera beaucoup plus difficile à supporter. Elle pourrait même nous pousser au découragement et à l'abandon de tout processus éducatif valable pour l'enfant.

Enfin, dire que l'expérience est plus douloureuse pour l'éducateur que pour l'enfant pourrait en faire sourire plusieurs, mais il s'agit là d'une vérité. Plusieurs adultes trouvent que le processus disciplinaire est une expérience très douloureuse ; c'est pourquoi tant de parents cessent leurs efforts ou relèguent la tâche à d'autres. Ils cherchent alors à placer leurs adolescents dans des pensionnats dans l'espoir de les voir acquérir la formation dont ils ont besoin. Nous sommes d'accord avec cette pratique mais à la seule condition que ce ne soit pas là un moyen de se soustraire à leurs responsabilités. Ils n'ont pas le droit de se débarrasser ainsi de leur tâche pour la reléguer à d'autres. Ils doivent reconnaître l'importance de leur rôle dans cette tâche importante qui ne peut s'accomplir qu'une fois.

Il arrive parfois que certains parents laissent entrevoir leur manque de responsabilité en jetant le blâme sur l'école pour les difficultés de comportement de leur enfant. Peu de parents agissent ainsi, mais ceux qui le font doivent être amenés à comprendre qu'ils sont et demeurent les premiers responsables du développement de leurs enfants au cours de toutes ses phases. Rappelons-nous l'expérience de la mère qui accouche : « La douleur s'oublie vite devant une joie plus grande. » Ils le comprendront en voyant leur enfant devenir une personne sensible et équilibrée.

Lorsque vous et moi sommes sur le point d'être vaincus par la douleur que nous cause cette lourde tâche qu'est la discipline, tournons nos regards vers Celui « qui, en vue de la joie qui lui était réservée, a souffert la croix, méprisé la honte, pour ensuite

s'asseoir à la droite du trône de Dieu » (*Hébreux 12.2*), sachant que
« la douleur s'oublie vite devant une joie plus grande ».

 *QUESTIONS :*

- Compléter : La _____ et la _____ sont toujours
associées dans la vie. Donnez-en un exemple.
- Compléter : Le succès ne peut provenir de l'_____ de
notre nature humaine mais de sa _____. Comment ?
- Comment désigne-t-on le combat qui seul peut transformer le
caractère ?
- Qu'aimerions-nous que notre enfant devienne ? Une personne
_____ et _____.

- Compléter : La _____ s'oublie vite devant une _____ plus
grande.

UN PAS DANS LA BONNE DIRECTION

Il n'est pas très réconfortant d'entendre quelqu'un nous dire : « Au moins si tu tombes, tu tombes par en avant et tu avances. » Il est difficile de nous imaginer que nous pouvons avancer tout en tombant ou en passant par un détour. Il semble que, malgré tout, nous poursuivions notre progression au travers de ces expériences malheureuses ou bizarres.

Il existe cependant certaines habitudes et attitudes extrêmement néfastes qui ne peuvent entrer dans cette catégorie. Citons, par exemple, celles-ci :

1) Il est nécessaire de faire le mal pour être mieux en mesure d'apprécier ensuite le bien.

2) Les petites erreurs que nous répétons jour après jour ne portent pas vraiment à conséquence et ne sont pas dommageables.

3) Pourquoi s'en faire maintenant pour eux ? Ils auront bien le temps de changer et de mener une bonne vie.

Contrairement à ce genre d'attitude, nous devons enseigner à nos enfants et à nos jeunes que chaque faute, chaque difficulté surmontée et conquise devient un échelon qui nous permet d'accéder à une marche plus élevée, à un niveau supérieur. Tous ceux qui ont fait de leur vie un succès le doivent à de telles expériences.

Quelle que soit la mauvaise action, la faute ou l'erreur commise, et peu importe le terme utilisé pour la décrire, elle peut servir d'échelon. Mais pour que l'erreur puisse remplir ce rôle, un

apprentissage doit avoir lieu : l'erreur doit être *conquise* ! Nous
devons d'abord reconnaître notre erreur mais nous ne devons pas
l'accepter ; nous devons en tirer un principe, une leçon qui nous
permettra de ne pas la répéter. Une marche d'escalier n'est d'aucune utilité si nous ne la montons pas. Il doit y avoir progression
vers un niveau plus élevé.

Mais nous devenons souvent impatients devant ce genre
d'expérience. Nous aimerions mieux atteindre le sommet tout
d'un coup. Nous pensons ici à l'idée d'une transformation de
l'ancienne vie et non à une simple amélioration. Pourquoi alors
cette allusion à l'échelon et à la marche d'escalier ? Parce que le
processus de maturation ne se limite pas à une seule expérience
momentanée. Il couvre toute une vie. Il *admet* qu'il peut se
produire des erreurs. Il *permet* une croissance, mais ce n'est pas
un processus qui règle tout d'un simple claquement de doigts, ce
n'est pas une victoire instantanée. Il nous *promet* cependant la
victoire, une victoire déjà certaine.

C'est un objectif qui se réalise jour après jour, souvent à
notre insu, tandis que nous oeuvrons sur le plan de l'addition :

> « À cause de cela, faites tous vos efforts pour joindre à votre
> foi la vertu, à la vertu la science, à la science la tempérance, à
> la tempérance la patience, à la patience la piété, à la piété
> l'amour fraternel, à l'amour fraternel la charité. Car si ces
> choses sont en vous, et y sont en abondance, elles ne vous
> laisseront point oisifs ni stériles pour la connaissance de notre
> Seigneur Jésus-Christ. »   « Car en agissant ainsi, vous ne
> tomberez jamais. » (*2 Pierre 1.5-8, 10*)

Pierre évoquait peut-être l'image familière d'un sentier à
flanc de montagne, escarpé et rocailleux, surplombant un précipice
profond où le voyageur que nous sommes, incapable de s'arrêter
ou de faire demi-tour, ne doit regarder ni en bas ni en arrière.
Battu par un vent glacial, sous un ciel obscur, il lui faut avancer,
sans perdre courage, malgré les blessures et la fatigue, et persévérer jusqu'au bout. Cette progression dans un sentier souvent
abrupt et sinueux renferme cependant une tâche à accomplir et
n'est pas dépourvue d'encouragements ni de l'assurance de la

réussite. C'est d'ailleurs ce qui nous donne de la confiance dans notre cheminement.

La tâche, elle, consiste à surmonter toute opposition, à conquérir les erreurs, les fautes et les difficultés. Personne ne peut passer outre cette étape et ce n'est qu'en apparence que certains individus semblent sauter des échelons. Rappelons-nous que *tous* ceux qui ont fait de leur vie un succès le doivent à ces expériences difficiles.

Mais comment triompher de ces erreurs, de ces fautes et de ces difficultés ? En recevant l'aide que le ciel veut donner, en lui démontrant notre appréciation et en déployant les efforts qu'il attend de nous. Dieu se révélera alors davantage chaque jour et multipliera ses interventions dans notre vie. Comme le dit *2 Pierre 1.2* : « Que la grâce et la paix vous soient multipliées par la connaissance de Dieu et de Jésus notre Seigneur ! » Notre rôle consiste à ne faire grâce à aucun défaut de caractère et à manifester une ouverture d'esprit qui lui permette d'agir en nous. Tandis que nous opérons sur le plan de l'addition, gravissant un échelon après l'autre, Dieu agit pour nous sur le plan de la multiplication.

Cette lutte contre chaque défaut de caractère et contre chaque obstacle vers une vie noble et heureuse ne consiste pas en oeuvres méritoires comme on nous l'a trop souvent enseigné. C'est un abandon quotidien entre les mains de Dieu, une décision de le servir. Alors que Dieu multiplie ses interventions dans notre vie, notre part est d'y répondre avec reconnaissance, en tenant compte de ses conseils, de ses reproches, de ses instructions si positives et de ses exigences.

Il faut montrer aux jeunes gens que leur expérience de progression, un échelon après l'autre, peut s'accompagner d'encouragements provenant de diverses sources. D'abord, ce devrait être une source d'encouragement pour eux de savoir que les vrais héros de l'histoire sont tous passés par des expériences semblables. Nous pouvons également les encourager à se souvenir de leurs plus récentes réussites. Ils apprendraient ainsi que vous et moi sommes là pour les encourager et non pour les décourager. Enfin, nous pouvons les aider à comprendre qu'en suivant cette route pas à pas, Dieu multipliera ses interventions en leur faveur. Comment pourraient-ils perdre dans un tel arrangement ?

Avez-vous déjà remarqué que certaines marches d'escalier étaient trop hautes pour les bouts de chou ? Vous les avez probablement pris dans vos bras et soulevés légèrement pour leur permettre de gravir l'escalier ou la pente, ce qu'ils n'auraient pu faire seuls, du moins difficilement. Cette image nous rappelle deux précautions importantes.

Premièrement, nous ne devons pas attendre de nos enfants qu'ils fassent de plus grands pas que ce dont ils sont capables. Cela peut sembler facile à nos yeux mais ce ne l'est pas pour eux. Les frustrations des enfants résultent souvent des attentes trop poussées de leurs parents ou de leurs professeurs, c'est connu.

Deuxièmement, nous ne devrions pas espérer que les enfants montent les marches trop rapidement. Si nous les poussons au-delà de leur capacité d'affronter les difficultés, nous leur fournissons sur un plateau et bien apprêtées toutes les raisons de se décourager.

Quel rôle l'adulte peut-il jouer dans cette progression ? Il devient évident lorsque nous observons une attitude compréhensive et aimante à l'égard de ceux qui luttent avec les difficultés. Nous éviterons de poser des obstacles sur leur route et de retarder leur progrès vers la maturité en étant cinglants ou critiques à leur égard, en attendant trop de leur part, en leur rappelant le nombre de fois où ils sont tombés, ou encore en leur montrant notre mécontentement.

Nous chercherons plutôt à être une source d'encouragement pour l'enfant ou le jeune et à lui ouvrir la voie ; autrement nous jouerons le rôle non du bon mais du méchant. Concrètement, cela signifie faire le devoir de mathématiques avec notre jeune ami, franchissant étape par étape et répétant plusieurs fois si nécessaire, au lieu d'exiger une réussite parfaite et quasi immédiate. Rappelons-nous que demander vaut mieux que commander et qu'aider vaut mieux qu'exiger. Les encouragements positifs accompagnés d'un sourire aimable, d'une parole bienveillante, d'une tape dans le dos et, à l'occasion, de récompenses sont des outils que nous ne devons pas hésiter à utiliser. Tout ceci doit se faire avec gentillesse, sympathie et sincérité. En établissant une bonne atmosphère d'apprentissage, nous plaçons l'élève sur le sentier de la progression. Cela se fera sentir à tous les points de vue, y compris moral.

Si les jeunes perçoivent que notre présence instaure une atmosphère positive dans laquelle ils se sentent confiants et acceptés, ils ne craindront pas de venir nous voir au moment des épreuves. Ils sauront que nous partageons leur peine dans les échecs et que nous ferons tout ce qui est en notre pouvoir pour les aider à transformer chaque erreur en tremplin vers la victoire. Ils sauront également que nos conseils les aideront toujours à faire « un pas dans la bonne direction ».

QUESTIONS :

- Alors que Dieu multiplie ses interventions dans notre vie, quel est notre rôle ?
- Quelles sont les deux précautions importantes à prendre en marge de la progression d'un enfant ?
- D'où proviennent surtout les frustrations des jeunes ?
- Quand jouons-nous le rôle du méchant pour l'enfant ?

UN LONG REGARD SUR L'INVISIBLE

L'un des plus graves dangers qui nous menacent et contre lesquels les enfants et les jeunes doivent être avertis et prémunis, c'est celui du matérialisme. Le désir de posséder certaines richesses matérielles et d'en jouir, de se divertir agréablement, de se vêtir avec élégance, de se nourrir avec raffinement, tout cela et bien d'autres besoins naturels peuvent prendre une importance telle qu'il devient possible de perdre de vue les valeurs plus nobles, les valeurs plus vraies.

Dans notre préoccupation pour l'avenir de nos enfants, nous nous rendons souvent coupables de trop insister sur le côté matériel de la vie. Nous voyons la nécessité de leur donner une instruction valable devant la compétition toujours plus vive qui caractérise le milieu du travail et nous sommes effrayés par la pensée que nos enfants soient incapables d'affronter les difficultés du monde moderne.

Qui d'entre nous n'a pas, à un moment ou à un autre, reçu ce conseil : « Mets donc en pratique ce que tu prêches ! » ? Ce genre d'expression a souvent été utilisé pour nous montrer notre inconsistance. En voici une autre que nous connaissons bien : « Tu parles tellement fort que je n'arrive pas à t'entendre. » Adaptée au sujet de notre chapitre, elle pourrait se lire comme suit : « Votre préoccupation pour la sécurité matérielle parle si fort que je n'arrive pas à entendre ce que vous dites sur les vraies valeurs. »

En vérité, nous sommes tous d'accord avec le conseil bien connu : « Cherchez premièrement le royaume et la justice de Dieu ; et toutes ces choses vous seront données par-dessus. » (*Matthieu 6.33*). Or nos actions semblent plutôt dire : « Assurons-nous d'abord du nécessaire, nous nous occuperons ensuite des autres choses. Car il faut bien être pratique, n'est-ce pas ? »

C'est ici que nous devons nous arrêter et jeter un long regard sur l'invisible. Les promesses de Dieu sont pour nous. Si nous ne percevons pas nous-mêmes les réalités éternelles, comment montrerons-nous à nos enfants à choisir les choses spirituelles en premier ?

La Bible parle de réalités invisibles. C'est par l'étude de sa Parole que nous pouvons arriver à les percevoir clairement. La Parole de Dieu nous amène à déclarer, à l'instar de Pierre : « Ce n'est pas, en effet, en suivant des fables habilement conçues, que nous vous avons fait connaître la puissance et l'avènement de notre Seigneur Jésus-Christ, mais c'est comme ayant vu sa majesté de nos propres yeux. » (*2 Pierre 1.16*).

C'est cette vision, cette confiance dans l'avenir, ce rêve, comme le décrivait MARTIN LUTHER KING, qui fait des grands hommes ce qu'ils sont. Paul déclarait pour sa part : « Je sais en qui j'ai cru, et j'en suis persuadé. » (*2 Timothée 1.12*). C'était avec la même assurance qu'il pouvait dire : « Désormais la couronne de justice m'est réservée. » (*2 Timothée 4.8*). Paul ne laissait planer aucun doute : les promesses de Dieu étaient à ses yeux bien plus réelles et bien plus grandes que toutes les splendeurs de la Rome antique (mais ultra-moderne à l'époque).

La lutte entre les valeurs du monde matériel et les valeurs éternelles était tout à fait inégale chez ces grands hommes. L'histoire des trois jeunes Hébreux du livre de Daniel témoigne d'une formidable fermeté devant la menace épouvantable de la fournaise ardente. Ils « répliquèrent au roi Nebucadnetsar : Nous n'avons pas besoin de te répondre là-dessus... Sache, ô roi, que nous ne servirons pas tes dieux. » (*Daniel 3.16-18*). Il n'y eut en eux aucune hésitation. Ils ne cherchèrent aucun compromis. Ce que le monde avait à offrir ne pouvait se comparer avec les promesses divines et la réalité des choses invisibles ! En tant que parents et éducateurs, ne désirons-nous pas voir la même réaction chez nos enfants et nos adolescents si sollicités par les attraits du monde ?

Nous devons porter attention « non point aux choses visibles, mais à celles qui sont invisibles ; car les choses visibles sont passagères, mais les invisibles sont éternelles. » (*2 Corinthiens 4.18*). En renonçant à nos désirs égoïstes et à nos inclinations, nous effectuons un échange tout à fait inégal entre ce qui est sans valeur et transitoire pour ce qui est précieux et durable. Qui pourrait croire qu'il s'agit d'un sacrifice ? N'est-ce pas au contraire un gain infini ?

Cette mauvaise conception est trop souvent répandue dans notre société ; nous nous imaginons consentir à un sacrifice chaque fois que nous donnons la préférence aux choses invisibles plutôt qu'aux choses matérielles. Il s'agit au contraire d'un gain infini. En considérant notre choix des biens précieux et durables comme un sacrifice, nous déformons le sens des valeurs de nos enfants.

Comment des êtres intelligents peuvent-ils attribuer plus de valeur aux choses temporelles qu'aux réalités éternelles ? C'est là un autre mystère qu'un si fort pourcentage de gens, même chez les chrétiens, puissent ainsi mordre à l'hameçon.

Vous souvenez-vous de la joie que vous avez ressentie en recevant les clefs de votre première automobile ? Et du sourire qui est apparu spontanément sur vos lèvres lorsque vous avez enfoncé l'accélérateur ou lorsque vous avez découvert son confort, sa ligne sportive et ses petits suppléments ? Au fait, qu'est-elle devenue aujourd'hui ?

Le paysage de l'Amérique est jonché de cours de ferraille. Si nous pouvions seulement ramasser l'une de ces carcasses tordues et rouillées et la laisser raconter son histoire, nous serions étonnés de découvrir parfois toute une kyrielle d'événements plus malheureux les uns que les autres.

Un jeune couple nouvellement marié s'était ainsi procuré une superbe automobile, dernier modèle, rutilante de beauté, avec tout ce qu'on pouvait imaginer en termes de gadgets et d'accessoires. Ils n'avaient qu'à fournir un « minime » dépôt et trente-six petits versements pour que l'auto leur appartienne. Ils n'étaient qu'à mi-chemin de ces « paiements faciles » quand un triste et grave accident vint tout gâcher. Quant à l'auto, elle fut réparée et vendue.

Un jeune universitaire venait de décrocher son premier emploi ; soutenu financièrement par ses parents, il eut tôt fait de dénicher une aubaine incroyable chez un vendeur de voitures d'occasion : moteur impeccable, volant sport, jantes chromées, pneus larges. L'une de ces rares coccinelles et une affaire en or ! Vingt-quatre « petits paiements » et le bolide était à lui. Mais il fut soudain appelé sous les drapeaux (non pas volontaire comme au Chapitre 1) et son pauvre père dut absorber le fardeau des paiements. N'ayant pas perçu que l'auto avait besoin de réparations et qu'il serait parti pour un bon bout de temps, le jeune homme avait fait un bien mauvais calcul. En fait, il ne put jamais en profiter...

Une suggestion : faites une sortie éducative avec vos enfants ; allez voir la grosse grue manipuler les tas de ferraille et les laisser choir sur la pile ; elles étaient pourtant si belles ! C'est là le sort qui les attend. Ce qui est malheureusement plus triste, ce sont les corps blessés, meurtris ou brisés, les rêves anéantis, les factures d'hôpital en souffrance, les plans de carrière retardés ou tout bonnement abandonnés.

« Allons, n'exagérons pas ! Quel mal y a-t-il à vouloir posséder une automobile ? » « Ne peut-on pas se vêtir avec goût, posséder une belle maison et avoir quelques économies en banque ? » Bien sûr. Où se situe alors le problème ? Le problème se situe au niveau de *l'équilibre*. Le problème, c'est la *priorité* que nous attribuons aux choses matérielles par rapport aux vraies valeurs. Et notre grande erreur en tant qu'adultes réside dans notre incapacité d'aider les jeunes à reconnaître eux-mêmes le déséquilibre de leurs valeurs et celui de notre société occidentale.

Si nous assistions à un encan où les objets étaient étiquetés selon leur vraie valeur, aucun de nous n'oserait acheter ces oeuvres d'art souvent démodées. Nous chercherions plutôt ce qui a de la valeur et de la durabilité. Comme, dans un encan, la pacotille se vend souvent à des prix faramineux qui gonflent à mesure que les tempéraments s'échauffent, notre évaluation s'en trouve faussée. Elle est soumise à l'influence de l'entourage et se base alors sur les apparences et sur les émotions. Il en est de même dans la vraie vie, où les valeurs ne sont pas toujours bien étiquetées ; en conséquence, notre choix n'est malheureusement pas toujours le bon.

Considérons d'un long regard l'invisible, afin d'encourager nos jeunes à faire eux-mêmes un examen attentif des valeurs qui leur sont proposées et donnons-leur un bon exemple en choisissant nous-mêmes « ce qui est précieux et durable » de préférence à ce qui attire les regards par son éclat, un éclat qui cache en fait sa véritable valeur.

QUESTIONS :

- Où se situe le problème en ce qui concerne les biens matériels ?
- Que devons-nous classer en première place ? Ce qui est _____ et _____.
- Quel principe devrions-nous appliquer dans nos achats ?
- Quel est l'objectif réel de ce chapitre ?
- Connaissez-vous d'autres histoires tristes dont le matérialisme se trouve responsable ? Mariages brisés, santés gaspillées, etc.

LE REPROCHE POSITIF

Le Christ comprenait qu'il est parfois nécessaire de réprimander. Il n'a jamais eu peur de condamner le mal, mais Il le faisait avec des larmes dans la voix. Sa seule présence semblait parfois constituer un reproche. Ce n'était cependant pas un reproche adressé à tous sans distinction mais un reproche dirigé plus particulièrement contre le péché. Les hommes se reconnaissaient pécheurs en sa présence. Ils savaient qu'Il connaissait leur véritable condition ; quelque chose pourtant les attirait à Lui.

Et nous, comment les enfants et les jeunes de notre époque nous perçoivent-ils dans notre rôle disciplinaire ? Sont-ils attirés ou repoussés par notre manière d'agir ? Nous considèrent-ils comme sévères et inflexibles ? Nous voient-ils comme des tortionnaires ou des amis ? Sommes-nous grincheux ? Sommes-nous portés à leur donner une autre chance ? Leur servons-nous parfois des sermons à l'improviste ? Ressentent-ils notre désapprobation constante ? Mettons-nous sur leurs épaules un fardeau toujours plus lourd avec chaque nouvelle erreur ? Bref, comment nous servons-nous de la réprimande ? Devient-elle une arme dans notre main ?

Disons d'abord qu'il existe deux méthodes à ne pas suivre avec les jeunes. Des *mesures arbitraires* et des *dénonciations directes* ne réussiront jamais à les faire renoncer à ce qu'ils ont à coeur.

Le mot « arbitraire » signifie ici « absolu, despotique, tyrannique, dictatorial, autoritaire, dominateur, péremptoire ». Arrêtons-nous sur ce dernier mot, « péremptoire ». Il peut sembler un peu inusité, vieillot ou mystérieux et c'est ce qui le rend particulièrement intéressant ; il tire son origine d'un ancien mot latin qui signifiait « destructeur », suggérant l'idée d'une annihilation complète, d'une destruction totale. Il y a de ces moments où nous ressentons un désir presque insurmontable de jouer au policier et d'appliquer les règlements à la lettre. Lorsque nous sommes dans une telle disposition d'esprit, nous prenons une attitude tyrannique et même destructrice pour enseigner à l'enfant une fois pour toutes que « le crime ne paie pas ». Malheureusement, cette méthode réussit rarement et lorsqu'elle le fait, c'est avec de lourdes séquelles, car elle peut endommager gravement la volonté de l'enfant.

Les dénonciations directes ne réussissent jamais non plus. Voyons de nouveau si le dictionnaire peut nous aider à comprendre l'idée. « Dénoncer : déclarer mauvais, injurier avec indignation, particulièrement en public. »

Les jeunes gens s'aperçoivent bien que l'adulte utilise la dénonciation comme dernier recours pour les corriger. Il s'agit en réalité d'une sorte de calomnie autoritaire et à ce titre, nous pourrions moralement nous y objecter.

Avez-vous déjà essayé l'une de ces deux méthodes ? Avez-vous déjà dénoncé publiquement des jeunes gens dans le but de les forcer à obéir ? Avec quel succès ? Vous êtes-vous sentis à l'aise d'avoir utilisé cette tactique ? Avez-vous gardé l'impression que les jeunes étaient par la suite mieux disposés ? Avez-vous déjà accusé un enfant ou un groupe d'enfants ou de jeunes d'avoir mal agi alors que vous n'étiez pas tout à fait sûr qu'ils étaient coupables ? Avez-vous espéré intérieurement qu'ils le soient vraiment afin de vous disculper ? Avez-vous prétendu avoir la certitude de leur implication ou avez-vous joué la comédie pour sauver la face alors que vous étiez encore dans le doute ? Croyez-vous qu'ils aient été dupes de votre supercherie ?

Avez-vous jamais invectivé une jeune personne en public (une autre forme de dénonciation) ou un groupe de jeunes ? Une telle manoeuvre pourrait les marquer pour la vie. Ce sont des expressions du genre : « Vous les jeunes, vous êtes tous pareils. » « Cette classe est pourrie. » « Les jeunes ne savent plus ce que veut dire travailler. » Et ainsi de suite !

L'amour nous enseigne à ne pas recourir aux dénonciations, aux accusations et au collage d'étiquettes. Ces outils ne font pas partie du coffre des adultes qui ont à coeur le bien des enfants.

Comment alors réprimander de manière constructive, positive ? Comment pouvons-nous nous acquitter correctement de cette tâche sans manquer d'amour envers les enfants ?

La réponse peut se définir en deux temps. Considérons d'abord l'exemple typique qui nous a été laissé par Jésus. Il n'hésitait pas à réprimander si cela était nécessaire ; pourtant, « ils étaient attirés à Lui ». Nous pouvons tirer de son exemple que *le reproche ne doit jamais repousser ou éloigner les jeunes gens de nous.*

Analysons maintenant son attitude envers l'offenseur et la méthode qu'Il employait pour réprimander. La simple connaissance du caractère de Jésus nous montre l'évidence de ce qui suit :

1. Les manières de Jésus montraient un amour constant pour le contrevenant, même dans la réprimande.

2. Le pardon était toujours présenté comme immédiatement accessible à celui qui s'attristait de sa faute.

3. Jésus était capable de faire une nette distinction entre la faute qu'Il haïssait et la personne fautive qu'Il aimait. Il ne confondait jamais les deux. Il ne détestait *jamais* la personne. Ceci est très important.

4. Jésus n'a jamais cherché à s'esquiver devant la tâche difficile et parfois ingrate de réprimander même ceux qu'Il aimait le plus. « Moi, je reprends et je châtie tous ceux que j'aime. »

5. Jésus n'exagérait pas le mal. Il ne faisait pas une montagne d'une taupinière, ni une trahison d'un simple écart de conduite.

6. En tout temps, Jésus révélait dans ses réprimandes de la dignité

et de la majesté. Il n'avait ni ne démontrait aucune hargne ou irritation envers ceux auxquels Il s'adressait.

7. Il semble enfin qu'un message positif accompagnait ses reproches. C'était avec des larmes dans la voix qu'Il leur faisait comprendre quel était son but : « Je dois absolument vous faire connaître le mal qui est dans votre vie si vous voulez vous en départir et acquérir cette noblesse de caractère si essentielle. »

Accepter une telle réprimande équivalait à recevoir son amour et marquait un pas décisif vers le succès.

Le récit biblique nous raconte la grande controverse en cours sur cette terre et au niveau de l'univers. Il nous révèle la création, la chute de l'homme, le plan orchestré en vue de le rescaper et le triomphe final des forces du bien. Ce portrait global nous dévoile les desseins et les actions d'un Être aimant se portant au secours de l'humanité et désirant soulager sa misère ; il présente enfin la nécessité de montrer à l'homme sa condition réelle et son grand besoin de rédemption.

Le simple fait de révéler à l'homme sa condition peut être considéré, dans un sens, comme une forme de réprimande. Mais l'objectif n'est pas de décourager. Au contraire ! Car en nous révélant notre véritable condition humaine, Il nous fournit du même coup un espoir tangible et réel qui nous permet d'échapper au découragement.

Les parents et les enseignants ont, dans leur rôle disciplinaire, le privilège de suivre cet exemple. Ils se doivent de réprimander fidèlement mais leurs reproches doivent toujours laisser filtrer un espoir. Le découragement n'a pas sa place ici. Le parent et l'enseignant consciencieux ne chercheront pas à l'exploiter.

Pour résumer, il est correct de montrer à l'enfant ses erreurs, mais prenons garde de ne pas le condamner. La réprimande a sa place, non pour détruire mais pour bâtir et c'est pourquoi le reproche doit être... positif.

 *QUESTIONS :*

- Comment notre Sauveur adressait-Il une réprimande ?

- Quel mot mystérieux et inusité décrit une position peu enviable et à éviter ?

- Compléter : Le reproche ne doit jamais _____ ou _____ les jeunes de nous.

- Compléter : La réprimande a sa place, non pour _____ mais pour _____ et c'est pourquoi le reproche doit être _____.

- Analogie : Quelle sorte de reproche peut représenter la couleur rouge qu'utilise le professeur pour corriger les devoirs ? Le bleu ? Et le vert ? Quelle couleur choisiriez-vous ?

QUELQUE CHOSE
DE MEILLEUR !

Les comparatifs et les superlatifs de la Bible nous présentent des images d'une espérance et d'une beauté incomparables. Arrêtons-nous un moment sur deux exemples en particulier et sur ce qu'ils peuvent apporter à notre expérience spirituelle.

Le premier nous vient d'un chapitre chargé de comparaisons, Romains 5. Le thème principal de ce chapitre se trouve dans l'expression « à plus forte raison ». Remarquez :

> « Mais Dieu prouve son amour envers nous, en ce que, lorsque nous étions encore des pécheurs, Christ est mort pour nous. *À plus forte raison* donc, maintenant que nous sommes justifiés par son sang, serons-nous sauvés par lui de la colère. » (*Romains 5.8-9*).

Le point culminant de ce chapitre résume l'intervention plus qu'adéquate et même surabondante de Dieu :

> « Or, la loi est intervenue pour que l'offense abondât, mais là où le péché a abondé, la grâce a *surabondé*. » (*Romains 5.20*).

Cet exemple nous révèle l'un des plus grands superlatifs employés dans la Parole. Paul venait de confesser son état de pécheur. Mais cette confession, assez curieusement, n'était pas celle d'un homme désespéré car il pouvait dire :

> « Et la grâce de notre Seigneur a *surabondé*, avec la foi et la charité qui est en Jésus-Christ. C'est une parole certaine et digne d'être reçue, que Jésus-Christ est venu dans le monde pour sauver les pécheurs, dont je suis le premier. » (*1 Timothée 1.14-15*).

Cette surabondance de la grâce divine était plus que suffisante, même pour celui qui se décrivait comme le premier des pécheurs.

Au cours de notre étude des divers aspects de la discipline, nous avons aussi découvert un autre comparatif. Nous pouvons affirmer sans crainte de nous contredire et avec beaucoup de sérieux que ce comparatif est également un superlatif : « Quelque chose de meilleur. » Tel est le mot d'ordre de l'éducation, la loi de toute véritable existence. Chaque fois que le Christ nous demande de renoncer à quelque chose, Il nous donne à la place « quelque chose de meilleur ».

Quelle formidable méthode de discipline ! Lorsque les enfants ou les jeunes se comportent mal ou qu'ils s'engagent dans des activités qui ne sont pas nécessairement graves mais néanmoins incorrectes, nous vous suggérons d'adopter ce remède pratique : *apportez-leur quelque chose de meilleur !*

Ce n'est pas, croyons-nous, contredire l'évangile que de conclure que Dieu adresse ce message à tous ceux qui sont affligés : « J'ai quelque chose de meilleur pour vous ! » Ce mot d'ordre, « quelque chose de meilleur », réduit à néant l'efficacité des rengaines du genre : « Regardez tout ce qu'il m'a fallu sacrifier pour devenir chrétien ! » Ou encore : « Avez-vous pensé à tout ce que j'ai dû abandonner pour suivre Christ ! » Car *ne nous offre-t-Il pas en échange quelque chose de meilleur ?*

Nous avons souvent tendance à utiliser les mots « non, non ! » Quand je pense au nombre de fois où j'ai suivi à la trace les mouvements de mes petites-filles en disant : « Julie ! Non, non ! » ou « Haley ! Non, non ! », par crainte qu'elles ne tombent ou ne brisent quelque chose, je reste étonné. Que notre mot d'ordre soit plutôt de leur offrir *quelque chose de meilleur !*

Imaginons un instant la scène suivante. Un petit enfant accompagne joyeusement ses parents à l'église ; à l'intérieur, il s'affaire calmement à placer des personnages de feutrine dans un petit livre d'histoires bibliques, tandis que papa et maman écoutent attentivement la prédication. Quel magnifique tableau ! Les parents n'ont pas besoin d'intervenir pour lui dire : « Assieds-toi et reste tranquille. » Mais non ! Car le livre retient son attention ;

il représente pour lui « quelque chose de meilleur ». Puis, à mesure que l'enfant grandit, ses parents lui fourniront de nouvelles activités qui dirigeront un peu plus son attention sur le message présenté.   On lui aura à nouveau offert « quelque chose de meilleur ».

Lorsque l'enfant atteint l'âge de l'adolescence, ce « quelque chose de meilleur » devient cependant plus difficile à cerner, à définir. Mais ce n'est pas le moment de faiblir et de tout lâcher. Les parents et les professeurs doivent redoubler d'ardeur et s'armer de patience dans leur recherche de ce « quelque chose de meilleur ».

Si l'expérience de l'adulte n'est bâtie que sur des commandements ou des ordres et sur tout ce qu'il lui a fallu abandonner, il trouvera difficile de recourir à « quelque chose de meilleur » comme base de discipline pour les jeunes.   Il devra d'abord chercher et découvrir pour lui-même la perle précieuse, ce « quelque chose de meilleur » dont la valeur dépasse de beaucoup tout ce qu'elle lui aura coûté en renoncement.

Mais la tâche de l'adulte doit aller encore plus loin. Il doit faire plus que de pourvoir à ce « quelque chose de meilleur » pour les jeunes.   Il doit enseigner aux jeunes à le découvrir eux-mêmes. Dans leur croissance vers la maturité, alors qu'ils font face à toutes sortes d'épreuves et qu'ils se cherchent des activités récréatives et sociales, les jeunes gens doivent faire une nette distinction entre les activités qui ne paraissent pas mauvaises en soi et le « quelque chose de meilleur » que le Seigneur leur a apporté.

Si les enfants ont reçu les bonnes valeurs, ce « quelque chose de meilleur » paraîtra clairement et sous son vrai jour, comme « quelque chose de vraiment meilleur ».   Cependant, si leurs valeurs ne sont pas en harmonie avec les principes divins, ce « quelque chose de meilleur » sonnera faux et ne les attirera pas.

Ceci nous ramène à la tâche fondamentale de la discipline. La discipline n'est pas seulement faite de prévention, de correction et de punition envers ceux qui ont mal agi. *La vraie discipline implique la tâche positive d'enseigner les grands principes de la vie.* Quand ces principes sont appris et acceptés, l'enfant possède son propre mot d'ordre, « quelque chose de meilleur ». Lorsqu'un parent ou un professeur l'aide à découvrir ce riche trésor, l'enfant apprend à faire la distinction entre l'or et le métal blanc.

Une merveilleuse vérité émerge de ce mot d'ordre « quelque chose de meilleur ». Il s'agit de mettre l'enfant en contact avec la vraie beauté, celle du caractère, avec des principes élevés, avec la perspective d'une vie plus noble. Arrêtons-nous un moment pour bien comprendre.

Les grandes philosophies du monde s'intéressent à trois problèmes de base. Elles les décrivent par des noms assez bizarres qui représentent en fait les trois questions fondamentales de tout individu. Ce sont :

1. Qu'est-ce que la réalité ? (L'ontologie)
2. Qu'est-ce que la vérité ? (L'épistémologie)
3. Qu'est-ce que le bien et qu'est ce que la beauté ? (L'axiologie, composée de l'éthique [le bien] et de l'esthétique [la beauté].) [1]

Tout éducateur reçoit automatiquement comme tâche d'aider les enfants à trouver une réponse satisfaisante à ces trois grandes questions. Nous l'invitons à les tirer de la Parole de Dieu, la seule vraie source de sagesse.

Les autres philosophies peuvent continuer de s'interroger sur ce que sont la vraie beauté, les principes de la vérité et les réalités de la vie, mais notre rôle à nous consiste à mettre les enfants en contact avec *une beauté plus réelle*, avec *des principes plus élevés* et avec l'exemple d'*un caractère plus noble*.

Si nous réussissons dans cette tâche, nous aurons fourni à nos enfants des solutions et des réponses avant même que les problèmes et les questions ne surgissent. Lorsqu'ils seront attirés par la manière de vivre plus permissive de certaines de ces philosophies, ils décideront de leur propre chef de revenir à leur mot d'ordre, « quelque chose de meilleur ». Ils choisiront « la vraie beauté ». Ils préféreront des « principes plus élevés » et ils opteront pour « une vie plus noble ».

En mettant en pratique le mot d'ordre « quelque chose de meilleur », soyons assurés qu'il sera impossible d'en décrire les résultats autrement que par un « superlatif ».

QUESTIONS :

- Quelles sont les trois questions auxquelles s'intéressent les grandes philosophies du monde ?
- Quel doit être le mot d'ordre de l'adolescent face à ce qu'elles peuvent offrir ?
- Quel est le lien entre la discipline et les grands principes de la vie ? « La vraie discipline implique la _____ positive d'_____ les grands principes de la vie. »

---

[1] VAN CLEVE, Morris, *Philosophy and the American School*, p. 316.

ILS FONT TOUS PARTIE DE LA FAMILLE

« Une fois que les enfants seront partis de la maison, je pourrai enfin respirer. Quel soulagement ce sera de ne plus avoir à m'en occuper ! »

Nous avons probablement tous entendu ces paroles à maintes reprises et peut-être ont-elles résonné dans notre esprit ou dansé sur nos lèvres. Mais une mère vraiment soucieuse de ses enfants pourrait-elle faire ce genre de remarque à sa voisine ? Cela trancherait trop avec l'amour qu'elle porte à son enfant. Il est bien plus facile de se l'imaginer comme une mère poule cherchant à couver ses poussins.

C'est ainsi que Jésus décrivait ses efforts pour ramener à Lui ses enfants. « Jérusalem, Jérusalem,... combien de fois ai-je voulu rassembler tes enfants, comme une poule rassemble ses poussins sous ses ailes, et vous ne l'avez pas voulu ! » (*Matthieu 23.37*). Il se préoccupe beaucoup trop des êtres qu'Il a créés pour les oublier ou vouloir s'en débarrasser.

Et nous, comment réagissons-nous ?

Imaginons un instant que l'année scolaire bat son plein. C'est la journée « portes ouvertes » et un visiteur se présente à nous ; il pose la question classique : « Comment ça va à l'école cette année ? »

Curieusement, la réponse surgit aussi vite, sans nous en être rendu compte : « Assez bien, merci. Mais les choses iront beaucoup mieux lorsque nous nous serons débarrassés de quelques trouble-fête. »

Quoi de plus normal et de plus humain que de vouloir se débarrasser des problèmes ? Mais ce ne devrait jamais l'être de vouloir se débarrasser des cas problèmes. Les êtres humains, qu'ils soient pécheurs, méchants, gaffeurs, faibles, entêtés ou autres, sont ceux pour lesquels Dieu a conçu son merveilleux plan d'éducation. Les bonnes gens n'en ont pas besoin. Mais comme il n'y a pas vraiment de « bonnes gens », tous les êtres humains ont besoin de son amour inconditionnel. Et c'est cet amour qui forme le noyau central de son grand plan d'éducation.

Quelqu'un aura peut-être envie de mettre en doute ce que nous venons de dire. « Cet auteur ne se souvient certainement plus de l'école et de ses problèmes. Certains étudiants causent tellement de trouble et ont un si mauvais comportement qu'il vaut mieux les renvoyer pour le bien des autres. »

En fait, je sais très bien à quoi ressemblent les problèmes d'une école. J'admets qu'il est parfois nécessaire de demander à certains étudiants de se retirer de l'école. Mais ce qui nous préoccupe, c'est cette attitude égocentrique de vouloir simplement nous débarrasser du problème. Car je ne peux imaginer le soulagement qu'aurait ressenti le Seigneur en se débarrassant de Pierre ou de Judas ; je ne peux pas accepter que des membres de l'administration ou du personnel enseignant de mon école adoptent cette attitude de « Bon débarras ! » lorsqu'un étudiant est renvoyé de l'école.

Ma préoccupation profonde, c'est que le coeur de chaque professeur, parent et administrateur puisse compatir avec celui qui n'a pas su s'adapter au programme de l'école ou à son atmosphère. J'aimerais suggérer à tous ceux qui sont engagés dans cette merveilleuse carrière de réfléchir à cette simple phrase : « Ils font tous partie de la famille. »

Chaque enfant, chaque adolescent possède le pouvoir, par la grâce de Dieu, d'acquérir un caractère droit et de se bâtir une vie utile au service des autres.

Il arrive qu'un enfant ou une jeune personne ne parvienne pas à s'adapter au programme scolaire. Que devrions-nous faire devant un tel dilemme ? L'école ne peut remplir seule la tâche de toute une communauté mais nous devons faire preuve de leadership et faire tout ce qui est en notre pouvoir jusqu'à ce que nous ayons épuisé toutes les avenues et qu'il ne reste plus aucun espoir. Cette tâche peut être confiée à un groupe extérieur autre que les membres de l'école fréquentée par l'étudiant. Les parents peuvent aussi apporter leur soutien au processus. Il arrive trop souvent que les parents et autres personnes de l'extérieur jettent le blâme sur le personnel administratif ou enseignant de l'école. Mais ils devraient d'abord reconnaître avec l'étudiant qu'il ne s'est pas tout à fait acquitté de ses responsabilités comme il aurait dû. Ils devraient alors l'assurer de leur désir de lui venir en aide en disant par exemple : « Si tu veux, nous allons maintenant *travailler ensemble pour t'aider à réussir* dans un autre milieu. » Une telle méthode devrait susciter une réponse constructive. On devrait conseiller à cette jeune personne de sonder avec réalisme et honnêteté où sont les problèmes. À partir de cette analyse et de l'assurance du soutien de ses parents, l'étudiant pourra prendre un nouveau départ dans une autre institution.

Des solutions aussi draconiennes ne devraient pas être employées trop fréquemment ; l'école devrait déployer tous les efforts possibles pour aider ses élèves à ne pas en arriver là. C'est seulement lorsque toute autre tentative aura échoué que le renvoi pourra être envisagé. Si aucune autre solution n'est possible, les parents et les conseillers appropriés devraient arracher le tison du feu et lui fournir l'aide que nous venons de recommander. Le personnel de l'école devrait alors tout faire pour lui faciliter les choses et prier pour lui.

À quel point cette attitude est-elle si importante pour l'étudiant en difficulté ? Le Christ disait à l'Église de Laodicée, figure de l'Église des temps modernes : « Je te conseille d'acheter de moi de l'or éprouvé par le feu » (*Apocalypse 3.18*). Si nous comprenons bien ce conseil, il signifie que nous pouvons recevoir une foi et un amour à toute épreuve (*1 Pierre 1.6-9*). Cet amour spécial s'exprime par un souci constant de rassembler tous les enfants et les jeunes gens de notre entourage dans notre grande famille, sans aucune exception.

Les familles elles-mêmes se trouvent parfois coupables d'avoir jeté dehors certains de leurs enfants, considérés irrécupérables. On les appelle souvent des « moutons noirs ». Dans certains cas, l'étiquette est utilisée sans mauvaise intention, juste pour se moquer d'un pauvre alcoolique, d'un membre de la famille plutôt paresseux ou d'un jeune qui éprouve des difficultés à l'école.

Une telle expression ne signifie pas nécessairement un manque d'amour pour l'individu concerné, mais elle a tout de même l'effet de lui coller une étiquette ! Une étiquette sème le doute et la suspicion, et elle a tendance à produire ce qu'elle décrit. La personne visée pourrait même en conclure : « Après tout, si je suis le mouton noir, aussi bien jouer le rôle ! »

Mais ils en font tous partie ! Oui, *ils font tous partie de la famille !* Les Écritures nous demandent avec insistance de ne rejeter aucun individu. Jésus Lui-même l'a démontré en allant au secours de la brebis perdue, bravant l'obscurité, le froid et la tempête, ne pouvant se contenter de garder les 99 autres brebis de son troupeau. Il s'agit là d'un entêtement positif, d'une détermination farouche de sauver chez Celui « qui ne veut pas qu'aucun périsse » (*2 Pierre 3.9*).

Les mots « quiconque », « tous » et « chacun » soulignent une qualité universelle qui contredit avec fermeté l'exclusivité d'un « certains » ou d'un « beaucoup ». Ainsi Jésus, en attirant *tous* les hommes à Lui (*Jean 12.32*), « peut sauver parfaitement *tous* ceux qui veulent bien s'approcher de Dieu par lui » (*Hébreux 7.25*). Il désire nous rappeler, à vous et à moi, qu'Il a déjà donné *tout* le ciel pour nos jeunes gens et nos enfants, et qu'ils font *tous* partie de la famille, à moins qu'ils ne s'y refusent volontairement.

En s'incarnant, Jésus s'est revêtu de toute l'humanité. Il a pris *chaque* homme, *chaque* femme, *chaque* enfant, afin de porter les péchés de *tous* et de les détruire en mourant sur la croix. Il nous a ainsi *tous* rachetés de la condamnation et de la culpabilité

qui pesaient sur nous. De Dieu suprême à crucifié ! L'humilia-tion, le renoncement et la grandeur de ce sacrifice étonnent et subjuguent. Ils démontrent un Amour infini qui nous attire à Lui (*Jean 12.32*). Aujourd'hui ressuscité et monté au ciel, Il continue de s'intéresser à *chacun* de nous, Il nous porte sur son coeur. *Tous* rachetés par son sang, nous faisons partie de la grande famille. Le Père nous aime comme Il aime son propre Fils, oui, comme Il aime son propre Fils. Il languit de nous voir *tous* près de Lui. Voilà comment Il considère ses enfants.

Et nous, comment considérons-nous ceux qu'Il s'est acquis à un tel prix ? La véritable éducation ne consiste-t-elle pas à leur faire savoir qu'ils font *tous* partie de la famille et qu'ils sont l'objet d'un *amour inconditionnel* ?

QUESTIONS :

- Pour qui Dieu a-t-Il conçu ce merveilleux plan d'éducation ?
- Qu'est-ce qui en forme le noyau central ?
- Quelle attitude, valable pour tous, nous est-il suggéré d'adopter envers les cas problèmes ? « Ils font _____ _____ de la _____ ».

- Notre amour pour nos enfants est-il à l'image de l'amour divin, c'est-à-dire inconditionnel ?

Annexe :

COMMENT ÉTABLIR DES RÈGLEMENTS

1. Identifiez les modèles de comportements désirables ou idéaux pour les étudiants d'une école particulière.

a) Identifiez les grands principes. Exemple : « La courtoisie » est un principe de base ; « tirer les cheveux d'une fille » est un problème spécifique.

b) N'écrivez pas de règles pour chaque problème possible.

2. Impliquez ceux qui sont eux-mêmes concernés par ces règlements chaque fois que cela est possible ou pratique. Cela peut inclure des représentants de chaque milieu : parents, étudiants, personnel enseignant et personnel administratif.

3. Présentez les règlements de base, clairement établis, au comité d'école pour approbation. Le comité d'école et le personnel devraient être en accord sur le contenu de ces règles.

4. Examinez les règlements proposés. Peuvent-ils être administrés ? Peuvent-ils être mis en application ? S'ils ne peuvent être appliqués ou s'il n'existe aucune intention de le faire, ils devraient être abandonnés.

5. Précisez si possible la raison à la source de ces règlements. Lorsque l'étudiant peut voir la logique et le but d'un règlement, il aura moins tendance à s'y opposer.

6. Distinguez (ou clarifiez) :

a) Les règlements qui doivent être établis dans une école particulière à cause de facteurs comme :

    1) le milieu

    2) le nombre d'étudiants

    3) l'âge des étudiants

    4) la nature du programme scolaire, etc.

b) Les règlements qui ont trait aux principes généraux relatifs au mode de vie : on trouvera ces règlements dans toutes les écoles, mais ils peuvent être présentés d'une manière plus appropriée à l'école considérée.

7. Assurez-vous que les étudiants seront bien mis au courant des règlements par un ou plusieurs des moyens suivants :

a) affichage des règlements ;

b) publication des règlements (journal d'école, carnet d'étudiant, etc.) ;

c) communication orale, discussion en classe, etc.

8. Pour faciliter le processus permettant l'établissement des règlements nécessaires, étudiez les rubriques écrites et les politiques des autres écoles ; n'adoptez que celles qui s'appliquent à votre école.

9. Écrivez ou élaborez les règlements d'une façon positive et constructive ; évitez tout langage qui pourrait irriter ou provoquer des réactions négatives. Évitez les ultimatums, les confrontations, et les expressions qui ne laissent aucun choix à l'individu.

10. Prévoyez assez de marge de manoeuvre dans les règlements et leur administration pour permettre aux étudiants :

a) de s'imposer un contrôle personnel ;

b) de développer l'habitude de se gouverner eux-mêmes. De cette manière, la prise de décision, c'est-à-dire l'exercice de la volonté sera encouragé et l'enfant ne sera pas éventuellement lancé dans un monde glacial pour lequel il n'est pas préparé ou auquel il ne peut faire face.

11. Les règlements devraient être basés sur l'autorité de l'amour et non sur l'autorité comme telle ; la première favorise le développement d'un « pouvoir supérieur à la raison » ; les règlements uniquement basés sur l'autorité privent les étudiants de l'occasion de révéler leur motivation profonde et leur capacité de prendre de bonnes décisions.

12. N'ayez qu'un petit nombre de règlements.

NOTES

TABLE
DES MATIÈRES

Publications « *Car le temps est court !* »
Gestion CLETEC inc.

Du même éditeur :

L'ENFANT HYPERACTIF

de *Simonne Ratelle*

Comportement, causes, activités, conséquences, nutrition
(et recettes), tous les aspects sont considérés dans cette analyse
globale mais profonde d'un problème de plus en plus répandu et
qui tient bon nombre de spécialistes en échec.

LE VÉRITABLE AMOUR DANS L'ÉDUCATION

de *François Ratelle* (44 pages)

L'amour redéfini dans un cadre réel, spirituel et d'une rare
beauté. Sommes-nous un réservoir ou un canal d'amour ?
Comprenons-nous la différence entre l'amour et l'émotivité ?
Quelles sont les caractéristiques de l'amour inconditionnel ?
Laissez-vous bercer par les histoires touchantes
d'un professeur pas comme les autres, celui de Ti-Louis,
et d'un guide alpin d'une persévérance inégalée
dans l'ascension du majestueux Matterhorn.

UN MARIAGE SANS ESPOIR

de *Robert J. Wieland* (44 pages)

L'histoire merveilleuse d'une femme prénommée Abby dont
le caractère attachant aura marqué l'histoire pour toujours.
Inclut les chapitres « Techniques de réparation pour mariage
brisé », « La résurrection de l'amour physique » et
« Cinq vérités pouvant sauver un mariage ».